勝ち残る
会社創りのための
最強のツール

経営理念の教科書

Principles Of
Management
Philosophy

新将命
Atarashi Masami

日本実業出版社

はじめに

夢なき者に理想なし
理想なき者に計画なし
計画なき者に実行なし
実行なき者に成功なし
故に、夢なき者に成功なし

吉田松陰

私は、夢や理想は成功の根源であると確信している。成功とは何かというと自己実現を果たすということだ。

多くの人は、夢や理想はしょせん頭の中だけの世界、現実は夢や理想どおりにいかないものだと思い込んでいる。そのため「それは理想だ」という言葉は、ほぼ例外なく「現実感が伴っていない絵空事だ」という否定的な意味で使われる。

夢や理想はそれだけでは無力である。そこにいつまでにという時限設定と行動計画が加わることで目標が生まれる。目標がなければ、人生はただ単なる夢想で終わってしまう。企業にとって、夢や理想を言葉にしたものが経営理念である。

松陰の言葉を借りれば「経営理念なき企業に、大きな成功はない」ということになる。企業のすべての力の源は経営理念にあるからだ。

したがって、もし経営者としてわが社を持続性の伴った長寿企業に育てたいと願うのであれば、その第一歩は経営理念をもつこと。そして、その経営理念を使うことにより人と組織をリードしようということである。

経営理念は、会社を中長期的に発展させる力である。よい経営理念のある会社は、場当たり的な経営に明け暮れることなく、時間の経過とともに成長と発展を続けるので、結果として大きな成功を得ることができるのだ。

そのことを実は、優秀な経営者は年齢に関わりなく知っている。本書で紹介する企業のトップはもちろん、私が指導している若い経営者の方々もそうだ。私はさまざまな場で、「リーダー人財育成」のための研修・指導を行なっているが、そうした場でも、私的に運営する『新志塾』でも、講義の核として経営理念の大切さや創りかた、使いかたを説いている。多くの経営者が真摯《しんし》に耳を傾けてくださり、経営理念の策定や改訂に着手している。

自身起業し、あるいは親の会社を継いで日々経営に励むうちに、社員を1つにまとめ、導くよすがが必要であることに気づくからだろう。

企業成功の「黄金のサイクル」という考えかたがある。黄金のサイクルとは、経営者品質から、社員品質、社員満足、商品・サービス品質、顧客満足、社会満足を経て企業業績につながる環《わ》である。経営者品質が上がれば、次々と環を構成する要素の質も上がり、最後に企業業績も上がる。そうして再び経営者品質へ戻り、一段高いステージへと進むという昇り龍のサイクルが黄金のサイクルだ。

私が半世紀に及ぶ経営者体験から学んだ、企業の永続的成長を実現するための、原理原則であり黄金律である。本章（20ページ参照）で詳述するが、この黄金のサイクルの原点である「経営者品質」の核であり、品質の高さを担保するのが経営理念ということだ。

人や設備や技術さえあれば、会社経営は成功するかというと、答えは半分イエスであり半分はノーである。短期的には何とかうまくいっても、長期的に持続的成長を担保することはできない。

「黄金のサイクル」という私の主張は多くの人が共感してくれるものの、一部には根強く異議を唱える人もいる。なぜか。本章に入る前に、この点についてすこし考察しておこう。

世の中には不思議なことに善人は損をし、悪人が得をするという共通認識があるようだ。きれいごとばかりを言っていたら、会社は競争に勝てないというのが代表的な異論の1つである。

現実はそんな甘いものではない、経営者はすこし腹黒いくらいで、隙あらば人を出し抜くくらいのずる賢さがなければ生き残れない、ということだろう。私から見れば、そちらのほうが世迷言の類である。

人の道に外れた者が、頂点を極めたという例はいくつかある。だが、長続きした例は歴史上でも稀である。アル・カポネのマフィア組織でも長続きはしていない。まして国単位で見ていけば、アドルフ・ヒトラーの例を引くまでもなく短命で終わっている。

いま日本を代表する経営者の一人である稲盛和夫氏（京セラ・KDDI創業者）の人格と経営者としての成功を疑う人は皆無に近いだろう。

人格は経営者にとって大きな力となる。経営者の人格は経営に反映される。経営者の「人格」が会社の「社格」を形づくる。「現実はそんなに甘いものではない、理想ばかりを唱えていても飯は食えない」と理念を否定する人は、いっとき立ち止まって世の中を歴史的、地理的に、大局的に俯瞰すべきである。

たしかに経営理念には「世のため人のため」が謳《うた》われ、耳に響きのよい言葉が並ぶ。

そこに現実感を見出せない人がいるのもむべなきかなではある。世のため人のためばかりでは生きていくための利益が出ない。そこで「自分のため」という考えかたが出てくる。「世のため人のため」と「自分のため」という2つの概念があったときに、二者択一という考えかたがある。あちらを立てればこちらが立たずである。こうした状態を英語でトレードオフ（Trade-off）という。

しかし、4年後に新1万円札の肖像画になる、明治の実業家・渋沢栄一は、「事業とは論語と算盤《そろばん》である」と言った。渋沢栄一は生涯に500社を超える企業の設立に関与し、その多くが現在でも日本を代表する企業として日本経済を支えている。

渋沢の言う「論語と算盤」とは、事業には論語すなわち「世のため人のため」となる理念と、しっかり儲けを出して事業を成り立たせる算盤が必要であるということだ。

こうした考えかたを表わしている代表的な経営理念が、ジョンソン・エンド・ジョンソン（J&J）の「我が信条」（Our Credo）であろう。同社は、かつて私が日本法人の社長を務めた会社である。

「我が信条」には、「我々の第一の責任は、我々の製品およびサービスを使用してくれる医師、看護師、患者、そして母親、父親をはじめとする、全ての顧客に対するものであると確信する」、「我々の第二の責任は全社員――世界中で共に働く男性も女性も――に対するものである」、「我々の第三の責任は、我々が生活し、働いている地域社会、更には全世界の共同社会に対するものである」、「我々の第四の、そして最後の責任は、会社の株主に対するものである」と、顧客、社員とその家族、社会、株主に対する4つの責任が明確な言葉で具体的に述べられている（全文は136ページ参照）。

さらに顧客、社員とその家族、社会、株主というステークホルダーに対する責任を果たすには、適切な利益が必要であることも、しっかり理念の中で訴えている。「我が信条」には誤解の入り込む隙間がない。論語と算盤の両輪がバランスよく配置されている。

理念と儲けは事業の両輪である。どちらか片方だけでは、事業はバランスが取れず倒れてしまう。両輪のバランスをしっかり取ることが経営である。

つまり、事業とは理念と儲けの「あちら立てればこちらが立たず」のトレードオフではなく、「あちらも立てて、こちらも立てる」のトレードオンでなければならない。それが、事業成功の要諦である。

しかし、ここまで述べてもまだ疑義の晴れない人もいる。

世界では自国第一主義のリーダーが台頭している。自国第一主義はまだ許せるとしても、トランプ大統領のようにアメリカ唯一主義を叫んでいるお粗末な人間もいる。多くのアメリカ企業は、勝てば官軍、「世のため人のため」より自社の利益最優先、自社の企業価値を最大にする「自分のため」を唯一無二の目的としている。

日本企業も、それがグローバルスタンダードであると思い込み、平成の30年間、企業価値最大化を最重視した経営を続けた結果、日本の上場企業の内部留保は446兆円を超え、やがて年間の国内GDPに並びそうな勢いとなっている。

この新型コロナ禍のような「まさかのとき」に備えて、内部留保を積み上げておくことは経営者として当然の義務である。何の異論もない。だが、企業価値の最大化だけに、あまりにものめり込んだ姿勢には賛成できない。

株価第一主義、株主第一主義の本家はアメリカであり、「アメリカファースト（自国第一主義）」、現実には「アメリカオンリー（アメリカのみ）」、さらには「トランプオンリー」を声高に唱えたのもトランプという我利我利亡者だ。

一方、そのアメリカでこうした動きもある。

昨年の8月19日、「ビジネス・ラウンドテーブル」（アメリカの経済団体）は、声明で自分たちは株主だけでなく「従業員や地域社会などすべてのステークホルダー（利害関係者）に利益をもたらす責任がある」と発表した。

ビジネス・ラウンドテーブルにはアマゾン・ドット・コムやアメリカン航空、ＪＰモルガン・チェースほか１８０社を超える企業のＣＥＯが参加している。会長はＪＰモルガンのジェイミー・ダイモンＣＥＯだ。

元祖株価第一主義、株主第一主義の本家であるアメリカでも確実に潮目が変わりつつある。「自社のため」に「世のため人のため」を加えたトレードオンの潮流が強くなっている。トレードオンを包摂した理念の重要性を再認識するという面では、日本はいまのところアメリカの後を追う必要はない。むしろ我々が先導するべきである。

渋沢栄一の言うとおり、理念と儲けはともに事業を支える重要な車輪である。事業は２つの車輪で動いている。このことを我々は昔から習慣として知っていた。だが、平成の不況を経て、我々は１つの車輪を失いかけている。

本来両輪で動くものが、片方だけで走っているのでは危険極まりない。

企業は理念があればそれだけでよいというものではないが、もしなければ会社は遅かれ早かれ頓挫するという、古いようで新しい原理原則を改めて知ってほしい。それが、私が本書の執筆を決意した理由である。

「理念はきれいごとだ」と切り捨てる人がいる。たしかにきれいごとに響くかもしれない。

だが、世の中には「きたないこと」が蔓延している。経営者は「きたないこと」に埋没せずに、できるかできないかは神のみぞ知るだが、まずは理念という「きれいごと」に挑戦してみることだ。妥協とは必要ならば後からするものので、はじめからするものではない。

結論的にいえば、経営理念は企業の成功を図るための十分条件ではないが。永続的成長を実現するための必要条件だということである。現下のコロナ禍のような非常事態では、経営理念は殊に大きな力を発揮する。

以下、本書の構成について述べておく。

本書は経営理念の核心と本質、創りかたおよびその実例、そして使いかたまでを一気通貫の流れ（全7章）で構成している。

第1章では、社会の多様化や、価値観、さらにはテクノロジーを含む経営環境が大きく変化する今日にあっては、不変の礎としての理念こそが企業の持続的成長にとって重要なカギとなることを具体的に示している。

第2章では、人を動かし結果を出さなければならない組織のリーダーにとって、理念がその大きな力の源泉となることを説いている。

第3章では、理念とは経営者の魂そのものであるということ、そして創った理念を実行に移すことが経営者をはじめとする人を成長させ、企業をゴーイングコンサーンとして伸ばすという因果関係について述べている。

第4章では、世界と日本の優れた経営理念の実例を取り上げた。国や文化、業種業界、企業規模の違いはあれど、優れた理念には驚くほど共通点が多いことがわかるはずだ。

第5章では、経営理念の創りかたについて、私が策定に関与した実例も示しながら具体的に解説している。ぜひ参考にして、自社の理念創りに取り組んでいただきたい。

第6章では経営理念の使いかたについて具体的に述べている。どんなに優れた理念でも、日常の「仕事上の道具」(Working Tool) として使われていなければ何の意味もない。絵に描いた餅である。使われない理念は形骸化してしまう。

第7章では、理念・目標・戦略・戦術の具体的な内容と相互の関係性について説明している。理念・目標・戦略・戦術を網羅した「方向性」を示し人を導き結果を出すことが、優れた経営の王道である。

本書が、みなさんの会社の永続的な繁栄に少しでも寄与できたなら、これに勝る喜びはない。

2020年10月吉日

新 将命

第2章　理念なきリーダーになぜ人はついていけないのか

第3章　経営理念は徹底した自己省察で見えてくる

第5章　経営理念の創りかた

カバーデザイン／竹内雄二
本文組版／一企画

第1章
いまなぜ経営理念なのか

企業は夢ではじまり
情熱で大きくなり
原理原則と責任感で維持され
官僚化で衰退し
革新で再生する

長寿企業づくりのための2つの黄金のサイクル

経営理念とは、そもそも永く繁栄する会社を創るためのものである。会社というのは、「いまだけ、金だけ、自分だけ」の「3だけ」では決して成功しない。収益性を伴った持続的成長（サステナビリティ＝Sustainability）があって、企業は押しも押されもせぬ一流の存在となる。持続的成長とは時間という名の友達の力を借りて、時を経るに従い、会社の規模と質が右肩上がりで伸びていくことである。

長命ではあっても、質も規模も延々と横ばいを続けるという状態では、一流の存在とは言い難い。大切なのは長命ではない。長寿である。

ましてや一瞬の閃光として短命で終わってはならないのだ。

２０１９年の企業の倒産件数は８３８３件（負債額１０００万円以上。東京商工リサーチ調べ）であった。毎日ほぼ1時間ごとに1社が倒産していることになる。

どんなに健康に見えても人の命には限りがある。だがメンテナンスをきちんと施せば、企業の命は永遠である。本来永遠であるはずの企業の命を散らせてしまうのであれば、そ

【図表1-1】世界の長寿企業10傑（創業年順）

順位	社名	創業年（西暦）	国名	業種	ファミリービジネス
1	金剛組	578	日本	建築	2006年まで
2	池坊	587	日本	華道家元	○
3	慶雲館	705	日本	旅館	○
4	古満	717	日本	同	○
5	山下	717	日本	同	○
6	法師	718	日本	同	○
7	峡里	718	日本	同	○
8	今神温泉	724	日本	同	○
9	Herzoglich Bayerisches Brauhaus Tegernsee	746	ドイツ	酒造	1817年以降
10	源田紙業	771	日本	工芸	○

の責任はひとえに会社を経営している経営者に帰することになる。

一般的に「企業の寿命は30年」といわれるが、日本には200年を超える歴史をもつ長寿企業が3900社以上ある。

そもそも長寿企業と短命企業を分ける最大の差異要因とは何か。それは経営者の人間力とリーダーシップである。とりわけ重要なのは、企業の「社格」の大本となる経営理念の存在の有無である。

●会社は原理原則と責任感で伸びる

23ページの**図表1-2**をご覧いただきたい。

この図は、これまで私がずっと主張し続けてきた「勝ち残る企業の黄金のサイクルⅠ」である。

黄金のサイクルのスタートは「経営者品質」である。

一目瞭然のように「経営者品質」が上がれば「社員品質」が上がり、「社員満足」も高まる。直接、お客様と接する社員の品質と満足度が高ければ、自ずと「商品・サービス品質」が上がる。

要は優れた社員は、優れた仕事をするという流れが成立する。

「商品・サービス品質」が上がれば、ユーザー側の「顧客満足」が上がる。さらには企業の最大責任の1つである社会に対する貢献を果たすことができる。結果として「社会満足」も上がる。

顧客と社会の満足度が上がれば、結果として企業の「業績」が向上する。

業績（売上・利益）とは、顧客と社会から得ている信頼と評価の結果である。さらに業績を上げている経営者にはさらに高い期待が寄せられる。その期待に応えるため、経営者は、より高い経営者品質を目指さなければならない。

この黄金のサイクルこそが、企業を持続的に成長させるための経営の原理原則である。黄金のサイクルの原点には「経営者品質」がある。それでは、経営理念はどういうサイクルで企業の持続的成長に貢献するのか。それを示したのが**図表1-3**の黄金のサイクルⅡ

【図表1-2】黄金のサイクルⅠ

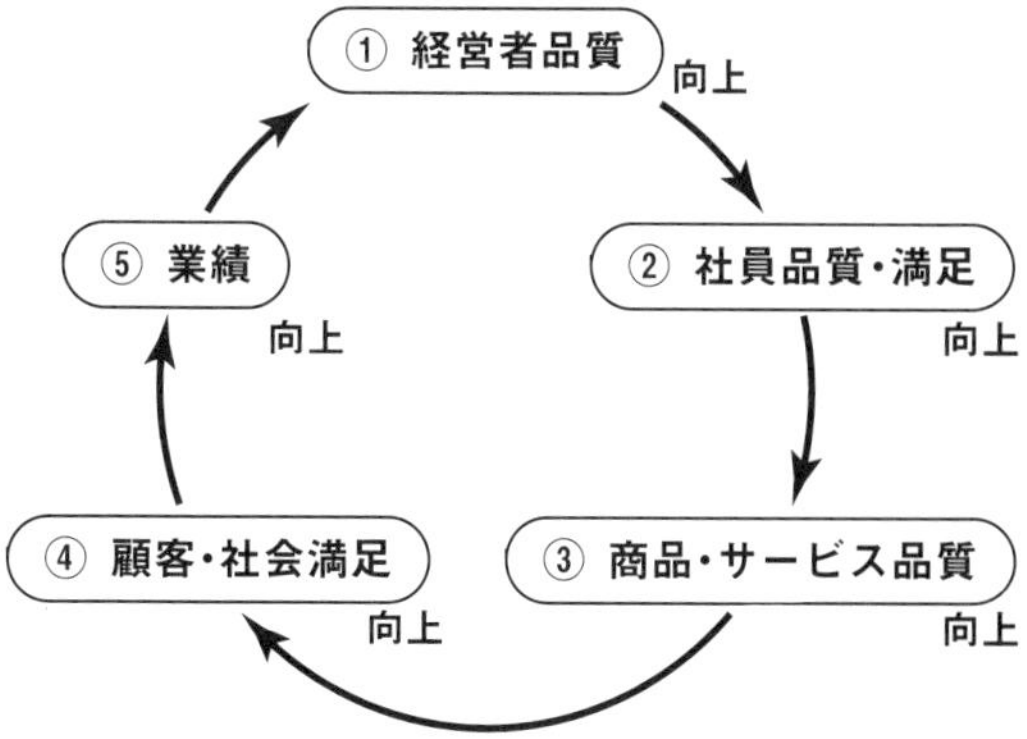

【図表1-3】黄金のサイクルⅡ

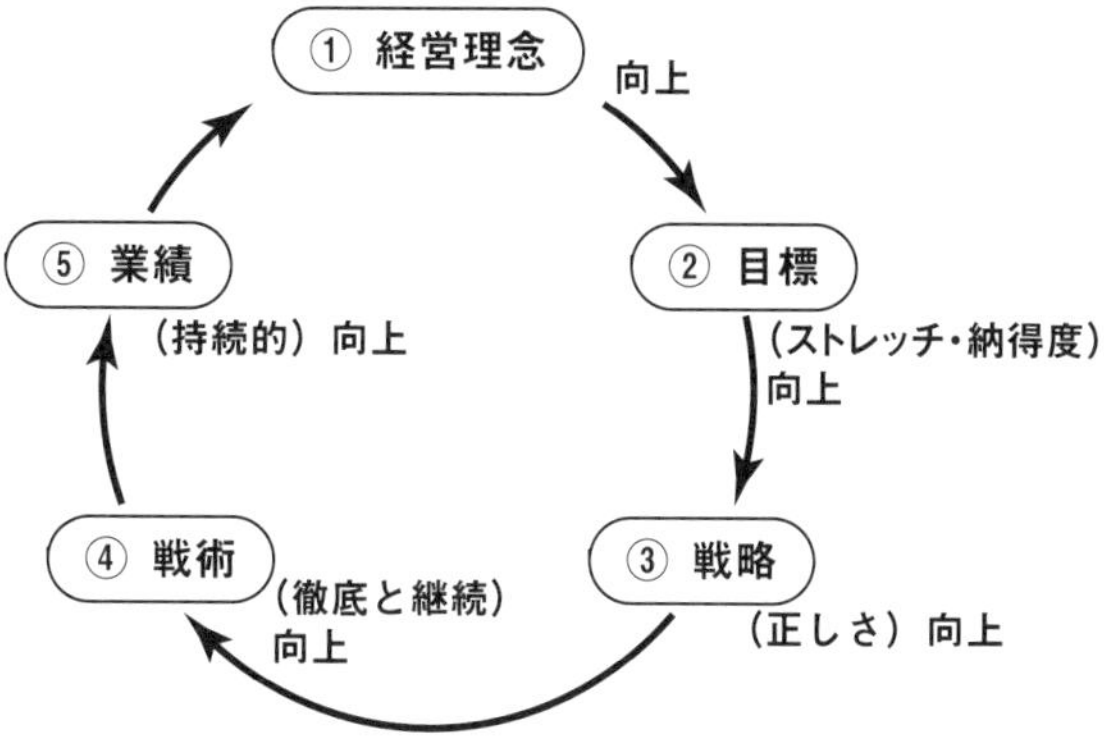

である。

理念のある企業とない企業では、業績面で長期的に4倍の差が出るという。これは私自身の経験則に基づくことでもあるし、それを裏付ける主張をする研究結果も存在する（詳しくは40ページで述べる）。なぜ理念のあるなしで企業の業績に差がつくのか。

企業業績のカギは、いうまでもなく正しい目標と正しい戦略、そして戦略に基づいた的確な戦術を現場に落とし込むことにある。

その出発点にあるのが理念だ。「こうなりたい」という理念やビジョンを確立したうえで「いつまでに、どこまでやる」という目標が生まれる。「いつまでに、どこまでやる」という目標を達成するためには「何をやる」という戦略が必要である。

「何をやる」という戦略を実行するためには「どうやる」という戦術が立てられ、現場に行動として落とし込まれ実行に移される。

現場で実際に動き出すと、ときには想定を超える事態に遭遇することもある。そこで舵を切るときに、再び理念に戻ることだ。理念は困ったとき、悩んだときに立ち戻って軌道修正するためのよすがであり、原点回帰のための座標軸である。

以上から、企業業績を決定づけるのは経営者品質であり、その経営者品質の原点は理念であることがおわかりいただけたと思う。

長寿企業に必要な条件

経営者の最大の責任は会社をつぶさないことである。そして、そのために理念が力を発揮する。しかし前述したように、日本では現在1時間に1つの会社が倒産している。企業倒産とは別に、後継者不在による廃業、休業企業も多い。

「魚は頭から腐る」というロシアのことわざがある。長寿企業をつくるためには経営者の水準を高めることも重要だが、同時にバトンタッチのできる後継者をつくっておかないことには、いくら現在の企業業績が順調でも長寿企業とはならない。ゴーイングコンサーン（継続する企業）とはなり得ない。

長寿企業をつくるための条件として挙げられることは、この後継者づくりを含めて4点ある。

1　理念の確立と継承

2　変化への迅速な対応

3　身の丈経営
4　後継者の育成を含んだ人財育成

長寿企業になるために理念の継承が重要というのは、理念こそが迷ったときに正しい道を見つけるためのよすがだからである。

●変化のときこそ理念に還れ

わが社はどこへ行くべきなのか。迷ったときに必要なのが理念である。企業は常に荒波の中を航海する船のようなものだ。羅針盤はあっても、行くべき方向がわかるだけで、この先に何が待っているかはわからない。そういうとき、このまま行くか、しばらく様子を見るか、迂回するかを判断するのに必要なのは、羅針盤ではない。

それは、自分たちは何のために航海に出たのか、どこに行き着くのかという志であり理念である。船長は交代しても、船が航海を続ける限り理念は必要なのである。

作家司馬遼太郎の作品の1つ、『峠』は幕末の越後長岡藩藩士・河井継之助の物語である。作中、継之助は江戸遊学の目的についてこう言っている。「オレは知識を覚えに来たのではない。いざというとき迷わなくて済むための原則を見つけに江戸に来た」。いざというときに迷わずに決断するというのは、なかなか難しいわざである。重要な局面であればあるほど決断に迷う。そういう局面で頼りになるのが理念の存在である。継之助の言う原則がすなわち理念といえよう。

●変化を先取りせよ

1つの感染症が、あれよあれよという間に世界の動きを変えてしまった。グローバリゼーションの時代、中国武漢から発生した新型コロナ禍の例を見るまでもなく、小さな変化はたちまち世界中を駆け巡り巨大な変化となってしまう。こうした現代社会で企業が長寿を実現するためには、変化に対する対応、それも迅速な対応力が必須であることは、いまさらいうまでもない。

変化対応力といっても、変化が起きてからでは時すでに遅しである。では、そこで理念はどういう役目を果たすのか。

新型コロナ禍の例を見ても、国内感染が広がってから対策を講じたのでは手遅れであり、国内にウイルスが入り込む前に対策を準備できたか否かで勝負は決していた。

受動的に変化に対応するだけでは間に合わない。積極的に変化を先取りすることが、正しい変化対応といえる。望ましいのは「対応」ではなく「先取り」である。

先取りするためには理念がなければならない。

身の丈経営とはオーバーストレッチ（過度な無理）をしないということだ。企業にも人にもストレッチ（適度な無理＝頑張れば届く目標に挑むこと）は必要である。

〝Challenging but attainable〟（挑戦的だが達成可能）ということであるが、無理をしすぎれば必ずダメージを負う。経営者には、このストレッチとオーバーストレッチを見分ける能力が求められる。見分けるための判断基準が理念である。

「過ぎたるはなお及ばざるが如し」がオーバーストレッチならば、ストレッチとは身の丈をちょっと超えた、「やってやれないことはない」ということだ。

住友の家訓「浮利を追わず」はオーバーストレッチを戒めたものだ。浮利を追うと結果として不利を招くのだ。

●信長型か秀吉型か家康型か

長寿企業づくりのための理念だが、長寿企業の条件はどれも簡単なことではない。４の後継者の育成も他の3つに負けず劣らず難しい。

後継者づくりには3つの型がある。信長型と秀吉型、それに家康型である。

いずれも天下を取った武将たちだが、後継者づくりではくっきり明暗を分けた。信長は本人が志半ばで憤死したが、息子たちは残った。しかし後継者の体制を定めていなかったため、残った息子たちの間に権力闘争を招くことになった。

信長の後継体制を話し合う場（清須会議）はもたれたが、手遅れであった。

秀吉にはあらかじめ後継者はいたが、実子の誕生で反故《ほご》にされ、結局、後継体制は固まらないままに終わった。

秀吉の後に天下人となった家康は、信長、秀吉を見ていたこともあってか、幕府を開いて2年後、自ら駿府に隠居し、秀忠に後を継がせた。結局、後継者づくりとしてはその体制も含め家康の一人勝ちに見える。

営業とは業を営むこと、経営とは営みを経（はか）ること

後継者づくりが企業の継続に重要であることは、前項で述べたとおりであるが、では、どのような人物が後継者にふさわしいのか。それは、理念を継承し企業の持続的成長を実現することができる人である。

後継者が企業をさらに高みへと導くきっかけとなることも多い。

徳川幕府も270年の基礎制度を構築したのは3代家光の時代であり、善政を敷き徳川治政の基礎を築いたのは5代綱吉であり、改革によって幕府をその後100年以上延命させたのは8代吉宗であった。トヨタの創業者である豊田喜一郎は豊田自動織機の2代目で、自動車は当初、豊田自動織機の一事業部だった。旧財閥の1つ、三菱もその体制を盤石にしたのは3代目の岩崎久弥、4代目の小弥太の功績が大きい。

同じく財閥であった住友も、今日に続く事業基盤を固めたのは2代目総理事伊庭貞剛《いばていごう》であった。後継者は、初代の起こした業を引き継ぐだけにとどまらずその志を引き継ぐ。志を果たすためには、企業を守るだけでなく企業を発展させ、持続させることが求められる。

●日々必ず理念を読み返す

理念は毎日確認すべきだ。継続こそ力となる。私は経営者時代、朝夕に鏡を見ていた。身だしなみのチェック、社員に会う前の表情（笑顔）のチェック、そして行動のチェックをしていたのである。行動のチェックとは、鏡に映る自分自身に対する問いかけである。旧帝国海軍の江田島兵学校には、大きな鏡とその上に額が掲げられていたそうだ。その額には次の5つの文が記されていた。

至誠に悖《もと》るなかりしか
言行に恥ずるなかりしか
気力に欠くるなかりしか
努力に憾《うら》みなかりしか（努力に至らぬ点がなかったか）
不精に亘《わた》るなかりしか（万事に手抜きはなかったか）

これら5つの文を「五省《ごせい》」という。心は顔に表われる。私が毎日鏡を見て省みていたのは、理念に反した判断や行動がなかったか戒めるためであった。黄金のサイクルⅡでも、目標、戦略、戦術は必ず理念に戻ってくるが、私の毎日も言行は必ず理念に還ってきていた。「迷ったときには理念に戻れ」という哲学（物の見かた）である。

●経営とは平凡な人に非凡な仕事をさせる業（わざ）

業を営むために必要な基礎は、知識であり技術である。

農業には作物の知識、土壌の知識、天候の知識が必要であり、耕作や生育には技術が必要となる。販売業では商品知識は欠かせないし、接客の技術も要《い》る。業を営むためにはお客様のこともよく知っていなければならない。一方、営みを経（はか）る経営はどうか。

無論、経営にも業を営むための知識は必要であるし、技術もなくてはならない。だが、経営に最も必要なことは、人に対する働きかけである。経営とは人を通じて物事を成し遂げる業（わざ）であるからだ。平凡な人に非凡な仕事をさせる業（わざ）でもある。

業（ぎょう）を営むだけなら、現場の人々に任せておいてもよい。

経営とは、その現場の人々を含むすべてのステークホルダーに対する働きかけである。人に働きかけるには経営者の全人格的な人間力をもって働きかけることが求められる。

人は感情と勘定で動く。勘定は計算できるが、感情は理論どおりにはいかない。そこで経営者の人間力、人格が大きくものをいうのだ。底辺にプラットホーム（基礎・基盤）があり、その上にいくつものコンポーネント（部品・構成要素）、コンピタンス（能力）がくるというイメージだ。プラットホームが経営理念であり、コンポーネントとコンピタンスに当たるのが人事力、営業力、製造力、開発力、管理力等である。

●理念が社会に働きかける

社長に「人格」があるように、会社にも「社格」がある。社会は、その会社に対する信用・信頼の根拠を企業イメージに置いている。企業イメージの根幹をなすものが「社格」である。社格の根本となるのが経営理念である。経営理念が企業イメージの原点だ。

よい理念をもつ企業は、優れた「社格」を備えている。優れた「社格」にはよい企業イメージが伴う。仮に何百億円という予算で膨大な量のテレビＣＭを打ったとしても、理念の怪しい企業では単純に知名度が上がることがあっても、「社格」が伴わないため社会からの信用・信頼は得られない。本当に社会に働きかけているものは、テレビやネットで見るタレントの広告ではなく、その背景にある理念なのである。

経営理念がもたらす6つのメリット

理念は社会における企業の存在証明、そして重要な自己アピールとなるものだ。

経営理念とは単なるお題目でもなければ、実務とは無縁の絵空事でもない。理念には確固とした力がある。

なぜか多くの人はこの事実を知らない。あるいは知ろうとしないまま、何となく「理念なんてしょせん言葉遊び」と決めつけているように見える。

言葉遊びとは考えていなくても、理念の力はせいぜい精神的な支えにすぎないと捉えている人がほとんどだろう。

その認識は間違いだ。

理念には確固とした力が宿っている。それも単なる絵空事ではなく、企業の業績に直結する実体としての力だ。

その力を使わないまま「なぜ会社が儲からないのか」と悩むのは、宝の山の上に立っていて、自分はなぜ貧しいのかと嘆くようなものである。

●企業の成功の50％は理念である

理念によってもたらされる経営上のメリットは6つある。

1　求心力
2　誇りの力
3　信用力と信頼力
4　求人力
5　業績力
6　資金力

まず求心力がある。たとえばグローバリゼーションによって、我々の社会には多様性が求められている。

ダイバーシティによってさまざまな価値観が融合し合い、新しい価値観が生まれる。企業もその例外ではない。さまざまな価値観を許容し、包含することで新しいビジネスが生まれ、そこから新たなチャンスが生まれる。

一方、多様な価値観はともすれば組織をてんでんバラバラな集団にする恐れがある。バラバラな烏合の衆の集団で企業が十分に力を発揮できるはずがない。

そこで求められるのが、多様な価値観を許容しつつ、軸となる一本化した価値観をしっかりもつことである。

この軸となる価値観が求心力となり、全社員の心を同じ方向に向かわせることが可能になる。全員のベクトルが合ってくる。全社員の心を同じ方向に向かわせる力、つまり求心力を生み出すものが経営理念である。求心力は「ブレナイ力」である。松下幸之助も「企業成功の50％は理念である」と言っている。

●優れた理念は人と社会を味方にする

経営理念のメリットの2番目は誇りの力だ、社会から認められ尊敬される理念をもっている企業で働くことは、社員にとっても誇りである。これは私が経営者になる前、社員の時代にずっと体験してきたことである。

優れた経営理念は社員に働く誇りを生む。誇りは信用力・信頼力を生む。

誇りある社員は仕事の手を抜いたり、不正なことをしない。誇りが許さないからだ。

数年前、いくつかの大企業で、製品の不正検査が横行した。

こうした不正が長年にわたって続いていた背景として、現場の誇りを奪った経営者の責任が大きいのではないか。

尊敬される経営理念をもち、それが事業に色濃く反映されている企業は社会からも信用され、信頼される。予期せぬ事故や事件に巻き込まれても、社会から信用され信頼されている企業は回復力（レジリエンス）も強く早い。

そうした企業は人財を引き寄せる「求人力」もある。

人は納得できないと本気で行動できない。何のために働くのか、なぜこの会社でなければならないのか。人はＷＨＹ（なぜ）を求める動物だ。だから行動に理由を求める。ゆえに人は理想の下に集まるのだ。

したがって、よい理念をもつ企業には人を惹きつける力がある。すなわち、よい経営理念には多くの優れた人財を引き寄せる求心力があるのだ。

●よい理念がよい業績を生むのは当然

よい理念はよい業績につながる。優れた人財が集まり、人びとが誇りをもって仕事を務め、社会を味方にする。これだけ好条件の揃った企業の業績が悪いはずがない。

よい経営理念が、企業の業績向上に寄与することは自明の理といえよう。だから、経営理念は企業経営の大きな力となるのだ。これだけでも経営理念のことを本気で考える根拠となるはずである。

だが、それだけではない。資金力も強化される。

社会から認められ、尊敬される経営理念をもっている企業は、株主からも支持されるし、金融機関からも高く評価される。

したがって経営理念は、企業の資金力にも大きく寄与することになる。これら6つの力はいわば「見えない経営資源」である。

経営資源を十分に生かしてこそ、一流の経営者といえる。

経営理念のある企業は、ない企業の４倍儲かる

前項で述べた経営理念の６つのメリットが、不透明で不確実な現代社会で企業が勝ち残るための基盤を支える。

不確実な未来に確実に起こることが、人口減少、高齢化、温暖化、ＡＩ化、グローバル化である。

どれ１つとっても、社会は大きな変化をまぬがれない。

グローバル化は前述したとおり、企業にダイバーシティを余儀なくし、その結果多様な価値観が企業内に存在することになる。それ自体は決してマイナスではない。

肝心要の問題は、多様な価値観を一本に収斂《しゅうれん》させる力の有無だ。

多様な価値観を許容しつつ、しっかりとした軸、ぶれない軸となる一本化した価値観をもてるかどうかで、グローバリゼーションとダイバーシティが覆う世界で成長発展できるかが決まる。

この軸が経営理念であることはすでに述べたとおりだ。

軸のない企業では、変化の激しい今日のビジネス環境下で生き残ることは困難である。経営理念のある企業と、ない企業の差は自明のことだ。ジョン・コッター教授とハーバード・ビジネススクールが、日本の企業を対象に、経営理念の有無と経常利益率の関係を20年間にわたって調べた結果、経常利益率は理念のない会社では2・16％であったのに対し、理念のある会社では8・07と4倍ほどの差があることがわかった。

つまり、経営理念のある会社とない会社では、長期的に見ると利益率に4倍の差があるのだ。

●理念の差は中長期の業績の差

理念の有無は短期的にはあまり大きな差をもたらさない。

だから「いまだけ、金だけ、自分だけ」の「3だけ」企業には経営理念は大きな力とはならないし、また裏返していえば、そういう企業の経営者は経営理念を必要としていないだろう。

しかし、持続的成長が求められる企業にとって、重要視すべきは短期ではない。ゴーイングコンサーンとしての中長期の業績である。経営理念の有無はそこに明確な違いをもたらす。

前述した経営理念の６つのメリットは、たしかに力を発揮するものの、１年単位で見ればその効果はわずかなものだ。理念の真価は、長期で見たときにはっきりとわかる。たとえていえば、理念の力のうち求心力、誇りの力、信用力・信頼力はそれぞれ業績への貢献度合いで５％程度の力を発揮する。合計で20％だ。理念のない会社も市況の具合がよければ、足りない20％を補えるかもしれないが、あくまでそれは短期のことである。

一方で、企業業績の40％は経営環境に左右されるといわれる。

この説によれば、市況が上がれば業績は上がるし、市況が下がれば業績も下がる。だが、外部環境や市況頼みで20年を通じて伸び続けることはできない。

大切なのは内部環境である。企業そのものの能力だ。さらにいえば経営者の能力である。業績は60％、企業内部の能力で決まるのだ。

●集団とチームの違い

なぜ理念のある会社は強いのか。それは理念が集団に「目的と目標の共有」を生むからである。理念が集団を貫く縦串となるのだ。

上級幹部・MBAの育成で世界で最も評価の高いハーバード大学が開発したハーバード流ボス養成講座では、「チームとは共通の目的と目標に向かって、関係当事者が献身的に一体となって邁進する集団である」としている。

単なる集団では烏合の衆に終わる。

企業に必要なのはグループではない。チームである。

集団（グループ）がチームになるためには、共通の目的と目標が不可欠である。共通の目的と目標があって、集団は目的の実現と目標の達成のために力を結集することができる。

この目的こそが経営理念であり、人々の心を収斂させる力である。

経営理念があるから、理念に裏付けされた目的（ミッション、ビジョン）と目標（数値化されたゴール）に向かって人々は頑張れるのである。

結果として経営理念の有無が業績を決めるのだ。「企業成功の50％は理念である」という松下幸之助の言葉を思い出してほしい。

なぜSDGsが浸透しないのか

理念には人を動かす力がある。しかし、よい理念というだけでは、人を動かすには力が足りない。1つ例を挙げよう。国連が提唱するSDGsだ。

SDGsとは〝Sustainable Development Goals〟（持続可能な開発目標）の略で、2015年に世界のリーダーによって決められた国連の目標である。背景に資源問題、温暖化等地球の環境問題、南北（先進国と開発途上国の経済格差）問題など地球規模の問題があることは明らかだ。

SDGsには17の目標がある。名称は目標としているが、内容はきわめて理念的である。以下、列挙してみる。

〈目標1〉あらゆる貧困の撲滅、〈目標2〉飢餓の撲滅、〈目標3〉健康と福祉を推進、〈目標4〉公平で質の高い教育の提供、〈目標5〉ジェンダーの平等、〈目標6〉すべての人々に清潔な水とトイレを、〈目標7〉持続可能なエネルギーの確保、〈目標8〉持続可能な経済成長と雇用、〈目標9〉持続可能な産業、〈目標10〉あらゆる不平等の是正、〈目標

11〉都市を持続可能に、〈目標12〉持続可能な消費と生産、〈目標13〉気候変動への緊急対策、〈目標14〉海洋資源の持続可能な利用、〈目標15〉森林の持続可能な管理、〈目標16〉公正、平和な社会の推進、〈目標17〉持続可能な開発に向けてのグローバル・パートナーシップ――以上である。

●スローガンでは人は動かない

ＳＤＧｓの理念は気高く美しい。ＳＤＧｓは国際社会共通の目標であり、企業活動にも影響を与えている。ＳＤＧｓの理念は、温度差はあっても誰もが賛同できる内容だ。ところがＳＤＧｓという名称は知っていても、17の目標項目まで知っている人となるときわめて少ない。なぜだろうか。実は、こうした現象は経営理念でもよく起こる。

ＳＤＧｓには「理念」と「目標」はあっても、具体的な「行動」は各国まかせである。具体的な行動を伴わない経営理念では絵に描いた餅で終わってしまう。「仏作れど魂入れず」である。人を動かすには具体的な目標と行動指針、そして実行責任と結果責任の所在を明らかにすることが必要である。

ＳＤＧｓには残念ながらそれがない。後はよきに計らえでは、実行責任があいまいとなる。実行責任のあいまいな目標では、人は、やってもやらなくてもよい、となる。やってもやらなくてもよい目標に誰が本気で取り組むだろうか。理念を単なる言葉遊び、スローガンに終わらせては、理念のもつ力の０・１％も発揮することはできない。

●理念を社長室から引っぱり出せ

経営理念も美しいだけでは力を発揮しない。経営理念は行動指針、基本動作に落とし込まなければ、日常的な〝Working Tool〟（仕事の道具）とはならないからだ。

仕事の道具となっていない経営理念では、それがどんなに優れた理念、尊敬に値する理念であったとしても経営を支え、業績を押し上げることは不可能だ。

経営理念を空虚なスローガンとしないためには、経営理念を社長室の額から引っぱり出して現場で働かせることが必要である。

「その判断は理念に反していないか」、「その考えかたは理念に沿うものか」、「その行動は理念を反映したものか」、経営者のみならず現場の社員一人ひとりが経営理念という鏡に自分を映す習慣をつけることだ。

そこまで経営理念を使い切って、なお企業の業績が上がらないということはあり得ない。

CSRは近江商人道「三方よし」

大手総合商社の伊藤忠商事は、2020年4月1日より経営理念を「豊かさを担う責任」（1992年に制定）から「三方よし」に改めた。近江商人であった創業者、伊藤忠兵衛氏の原点に戻る理念の改訂である（154ページで詳述）。

三方よしとは300年以上にわたり近江商人に連綿と受け継がれている商売の哲学で、「売り手よし」「買い手よし」「世間よし」の三者がよしとなる商いをするべきという教えであり戒めでもある。

「いまだけ、金だけ、自分だけ」の真逆の思想といえる。

今日風にいえば、企業の社会的責任〝Corporate Social Responsibility〟（CSR）が三方よしであるという意見もある。

しかし私はその意見には同意しない。

CSRは、企業にビジネス以外でも社会に対して貢献することを求めている。企業には社会的な責任がある。それは確かだが、ではそれで十分か。

企業には、社会への責任と同時に果たすべき責任がほかにもあるはずだ。

●「三方よし」はステークホルダー主義

私は、真のＣＳＲは〝Corporate Social Responsibility〟（企業の社会的責任）ではなく〝Corporate Stakeholder Responsibility〟と考え、ことあるごとにそう主張もしている。ＣＳＲとは企業の社会的責任だけではなく、「企業の全ステークホルダーへの責任」であるべきだ。

ステークホルダーとは、いうまでもなく企業の利害関係者、具体的には顧客、社員、社員の家族、社会、取引先、株主、銀行等である。

企業の社会的責任だけを取り出し、声高に主張することにも意義はあるし、そうせざるを得なかった背景もあるのだろう。

だが、売り手よし、買い手よし、世間よしを分断して考えてはいけないように、企業のステークホルダーへの責任も、社会だけを切り離してはいけないのだ。

そういう点でも三方よしは、正しいＣＳＲ（企業のステークホルダーへの責任）を短く言い切った見事な哲学であるといえる。

●理念で社会の公器であることを宣言する

ステークホルダーを意識しない経営理念はあり得ない。経営理念は多くの人が共感し、社会から尊敬を受けるもののほうが、理念としてより大きな力を発揮する。社会から共感と尊敬を得るには、私企業の経営理念といえども公共性を意識したものでなければならない。理由は至極簡単で、株式会社は〝Public Company〟（公共の会社）だからだ。たとえ自分が大株主だったとしても、「自分だけ」という考えかたは120％間違っている。

理念は経営者の志、哲学を言葉や形にしたものだが、それが個人の満足、一企業の成功だけに終始していたのでは、理念のもつ力を発揮するには不十分である。

企業は何のために存在するのか、我々は何をもって社会の発展や人々の幸福に貢献するのか。自社の成長と社員の成長が、社会の発展とリンケージしていることは、経営理念をよりパワフルなものにするために必須の条件である。

「自分の会社だから、どうしようと自分の勝手、人さまにとやかくいわれる筋合いはない」と開き直ってしまっては、社会の公器として機能する道は閉ざされ、理念も力を発揮できずに終わってしまう。

短期の儲けは仕組みで可能だが、永続的繁栄は理念なしには不可能

企業は社会とともにあるという原理原則を見落として、長寿企業となるのは不可能だ。企業が社会の公器であるためには、その理念が問われる。つまり、理念が長寿企業をつくる重要要素である。では、なぜ長寿企業であることが大事なのか。改めて掘り下げてみたい。

人の寿命は有限でも、企業は永続的に繁栄することができる。長期の成長は短期の業績の積み重ねの結果だから、短期の業績、すなわち足元の利益は大事である。自力で立つことができないのでは、走るのはおろか、歩くことさえままならない。

短期の業績を上げるために必要となるのは次の公式である。

〈短期の業績を上げる条件＝戦術＋人材〉

戦術とは「どうやるか」で、やりかたがよければよい結果が出るし、やりかたが悪ければ望ましい結果は出ない。ハウツーがあるかが、短期の業績を上げるには重要なポイントとなる。人材とは、戦術を実行できるだけのスキル（仕事力）のある人のことだ。現有の

人（のスキル）と戦術が適切であれば、短期の業績はとりあえず担保されるはずである。

●方向性＋人財＋組織力

戦術（やりかた）が適切で人にスキルが備わっていれば、短期の結果は出るものの、長期的に成長を続けるにはそれだけでは足りない。長期的に成長を続けるために必要なことは次の公式で示すことができる。

〈長期的な成長に必要な条件＝方向性＋人財＋組織力〉

方向性とは〈方向性＝理念＋目標＋戦略〉であるから、長期の成長持続にはしっかりとした理念、目標、戦略が求められる。理念は「何のためにやるのか」であり、目標は「いつまでにどれだけやるのか」で、戦略はそのために「何をやるのか」である。

この3点セットが揃って「どこに向かうか」という方向性が定まる。

人財と人材は異なる。人材には現有のスキルだけが問われるが、人財には時間とともにスキルレベルが上がること、すなわち持続的成長が求められる。現有のスキルは問題ではなく、将来のスキルの伸び代《しろ》が重要となる。

スキルの伸び代は、本人のマインド（意識）によって大幅に変わってくる。よって真の人財に問われるのはスキルとマインドの2点セットとなる。

●永続的繁栄を支えるのは人と企業の成長

組織力とは、方向性を定め人財を最大活用するためのチームワークづくり、組織づくり、制度設計などのことをいう。

持続的成長のための方向性、人財、組織力のウエイトは、方向性が60％で人財（スキル＋マインド）が20％、そして組織力の割合が20％である。つまり企業の持続的成長のためには、方向性を定める第一条件である理念の割合が最も大きく、企業が繁栄を続けるか、短命に終わるかのカギを握る原点は理念であるといえる。

2つの公式を見比べてわかるのは、短期と違って長期には持続的成長という要素が不可欠だということである。

時間とともに人と企業が成長するから、企業は永続的に繁栄できる。

成長するためには昨日と同じことをしていてはダメだ。成長とは変わることだ。過去の踏襲だけでは、人も企業も成長がストップしてしまう。常に自ら積極的に変化を起こす。これが成長するために必要な基本条件である。

脱株主主義を宣言したアメリカ経済団体

社会の公器であることを宣言するとは、いわばステークホルダー主義の宣言でもある。こうしたステークホルダー重視への回帰はアメリカでも起きている。

2019年8月19日、アメリカの経済団体である「ビジネス・ラウンドテーブル」（会長・JPモルガンCEOジェイミー・ダイモン）が「企業の目的に関する声明」を発表した。ビジネス・ラウンドテーブルにはアマゾン、アップル、ウォルマートという現代のアメリカ企業を代表するCEOたちが一堂に会している。

ビジネス・ラウンドテーブルは1972年に設立され、これまでに何度か企業統治に関する原則を定期的に見直し発表している。

我々はこれまでアメリカの企業といえば、ビジネス・ラウンドテーブルが1997年に発表した「企業は主に株主のために存在する」を基本理念にしていると考えてきた。

同時に、日本でも平成の半ば以降からこの考えかたが主流となり、現場で働く社員や非正規の労働者への視線が急速に冷たくなっていった。

ところが、その株主主義の本家であるアメリカ企業から、脱株主主義の声明が発表されたのだ。

●ステークホルダー主義宣言

発表されたビジネス・ラウンドテーブルの声明には「どのステークホルダーも不可欠の存在である。私たちは会社、コミュニティー、国家の成功のために、その全員に価値をもたらすことを約束する」とある。

この一文の意味するところは、これまでの株主一辺倒の株主第一主義、株主資本主義から脱却し、株主以外のステークホルダー（顧客、社員とその家族、社会、取引先等）に対しても、相応に責任を果たすことを企業のミッションとするということである。

企業は株主のものという価値観から大きく一歩踏み出した格好だ。株主主義からステークホルダー主義へと大きく舵を切ったといえよう。

アメリカの株主資本主義の潮流に流されて、多くの日本企業が日本的経営から離れていったが、株主資本主義の本家であるアメリカの企業家から、脱株主資本主義の宣言がなされるというのは皮肉なことである。

●私利と公益性のバランス

ビジネス・ラウンドテーブルのコミットメントには、「第一に顧客に対し価値を提供するという米国の伝統をさらに発展させる。第二に従業員に公正な報酬の提供と重要な福利厚生を提供し、教育・訓練を支援する。第三に取引先（サプライヤー）と公正で倫理的な取引を行う。第四に地域社会を支援し，環境を保護する。第五に長期的な価値を創造し，株主との効果的な関係を築く」——とある。

私はこのコミットメントを目にしたとき、私が8年間にわたり日本法人の社長を務めたジョンソン・エンド・ジョンソンのクレド「我が信条」を見る思いがした。

こうしたビジネス・ラウンドテーブルの「企業統治に関する原則」の変化には、社会的な背景が大きい。アメリカといえども、株主主義だけで押し切れる時代ではなくなったということだ。企業がビジネスをしている以上、顧客の総和である社会からにらまれては生きていけない。私企業だからという理由でわがままが許されるほど、社会は緩やかではなくなってきたのである。

企業が自らの利益を守るためにも、積極的に公益性を示す必要があるのだ。

「大義」があれば大儀にならない

「苦労を楽しめ。自分のアイデアではじめた仕事は苦労をしても、苦労さえ楽しい」と言ったのは、ホンダの創業者・本田宗一郎氏である。

大変な仕事であっても、その目的を十分に理解し、目的に誇りをもつことができたなら、大変であればあるほどやりがいを感じるものだ。

そういうとき、身体は疲れていても、決して心は疲れない。常にフレッシュである。

つまり苦労を楽しめる条件とは、何のためにやるのか、その仕事の目的がわかっていて、しかもその目的に共感し共鳴し、共振する、さらに納得し、誇りさえ感じていること。そして十分に信頼され任されているとき、人は苦労を苦労と思わない。

社会から尊敬される大義（Cause）ある目的のためなら、その目的を果たす途上で苦労はあっても、それを大儀とは捉えないのである。だから、逆に大義なき経営理念では、社員にとって大儀であり、目標の達成は難儀なこととなる。

人は行動するとき納得できるＷＨＹ（なぜやるのか）を求める。理屈で納得できても、心が納得しないとＷＨＹは解けない。ケンタッキー・フライド・チキンの創業者カーネル・サンダースが言うように「人は論理で説得され感情で動く」。

そのため人は行動するときに、その理由を求める。理由は私的で些末なことより、共感性のある大きな目的のためであるほうがよい。心に火が点《つ》くような理由（大義）であればあるほど、人は情熱をもって仕事に取り組むものだ。

●理念なき目標はノルマ

企業やそこに働く社員にとっての大義が、その企業の経営理念であることはいうまでもない。企業のミッション（使命）、ビジョン（目指す理想の企業像）、すなわち理念を実現するために、社員は苦労を厭わず仕事に挑戦する。

困難な局面でも同じことがいえる。

暗中模索の状況に陥ったとき、トンネルの先に光を灯すのが方向性である。繰り返しになるが、方向性とは（理念＋目標＋戦略）である。方向性がトンネルの先の光であるなら、理念は光を灯す燃料となる。

理念に大義があれば、灯はより大きなものとなり、より強い光を放つ。

理念に大義があれば、目標にもより魂がこもるものだ。魂のこもった目標には、何が何でも達成するという使命感（ミッション）とコミットメントが生まれる。

反対に理念の裏付けのない目標は、単なるノルマと化してしまう。そこには「やらされ感」があるだけで「やりたい感」はない。

●見えないゴールは心を挫く

大義（理念）なき目標はノルマとなる。単なるノルマではやらされ感しかない。イヤイヤ取り組むだけである。ワクワク感を伴わない行動には、瞬発力も持久力も生まれない。瞬発力も持久力もない行動で目標を達成することは困難だ。

山登りでも、ただ坂を登るだけでは苦しいだけである。山頂が見えて、山頂からの景色を想像することができて、高度を稼ぐ努力に意味をもたらす。

理念に大義が求められるのは、大義を備えることで理念を具体的にイメージ化（心の中で視覚化）できるからである。

坂を登っていくことは苦しいことであっても、坂の上の雲が見えれば人は頑張れる。

理念倒れに終わる経営者の特徴

経営理念の重要さを説く本で、こういうことを言うのも変だが、世の中には一定の割合で、会社の経営理念はよいのだけれども、実績のほうが伴わないという経営者がいる。

聞けば考えかたも筋がよく、志も高いのに、なぜか会社は儲かっていないのだ。

経営理念のある会社は、ない会社の4倍儲かるはずが、その原理原則から外れたケースがあることも事実だ。

しかし、こうしたケースは例外的に存在しているのかというと、そうではない。

原理原則から外れた経営をしているから、原理原則どおりに儲からないのである。理念がある企業とは「お題目の理念」のある企業ではない。生きた、正しい理念のある企業が「理念のある企業」なのである。

お題目の理念は「生きた理念」とはいえない。「死んだ理念」である。

たとえ理念そのものは大義もあり、共感性の高いよい理念であっても、欠けているものがあれば理念は力を発揮できない。よい理念のあることは、よい企業の「必要条件」であるが、よい企業になるには「十分条件」が必要となるのだ。

●夢が夢のままになっている理念

理念が企業活動に力を発揮するための基本形は、何度もいうように〈理念＋目標＋戦略〉である。

理念だけが先行している企業の特徴の1つが、理念はあるが目標と戦略がないことだ。目標がないから数値で経営を追いかけない。戦略がないから、当然ながら現場には迷いが生じる。あるのは行き当たりばったりの戦術のみである。「どうやってやるか」に明け暮れて、「何をやるか」がわかっていない。

企業に戦略がなくて、現場に戦術がなければ混乱状態が生じることになる。これで会社が儲かっていたらギネス記録並みの奇跡である。

理念が夢のままでとどまっていて、夢に向かって一歩も踏み出していないのだから、いかに夢がすばらしくても結果が出るはずはない。夢を実現するためには、夢に「時限設定」と「具体的な行動計画」を加えることが鉄則中の鉄則である。

夢を語ることには熱心な経営者の陥りがちな隘路《あいろ》が、この行動不在、段取り不在の経営理念である。

●そのために今日何をするか

社長が夢を熱く語ることはあってよい。いや語るべきである。企業成功の原点は社長の熱量である。一方で、夢を実現するための目標、戦略がないままでは実現性がまったく担保されないということも知っておくべき現実である。

会社の目指すべき理想像、あらまほしき姿をビジョンという。ビジョンに数字が伴っていなければ、そのビジョンはただ単なるビューティフル・ドリームであり、社長はビューティフル・ドリーマー（夢見る夢子さん）ということになる。

企業のトップは夢と現実のバランス感覚をもたなければいけない。

夢の実現のために今日何をするか。「ローマは一日にして成らず」。大きな成功とは小さな成功の積み重ねにほかならない。

今日やるべきことをやらなければ、夢はそのぶんだけ遠ざかる。現場の小さな前進を疎かにしてはならない。小さな前進の積み重ねでしか、我々は坂の上の雲にはたどり着けないからだ。

第2章
理念なきリーダーになぜ人はついていけないのか

企業とは
人を幸せにするための
公器である

カルロス・ゴーンが追われた理由

ここ数年の企業不祥事で最大の出来事といえば、やはり２０１９年の「日産ゴーン事件」だろう。事件そのものは２０１８年11月の逮捕からはじまるが、保釈中に海外（レバノン）へ脱出するというハリウッド映画のような逃亡劇に日本中が驚かされた。

この逃亡劇「逃げてしまったゴーン」（Ghosn has gone）の後も、カルロス・ゴーン元ＣＥＯは、日産に巨額の退職慰労金と年金を請求したりと、話題に事欠かなかった。

カルロス・ゴーンは日産を再生した立役者、世界を代表する経営者であると称賛する声が多かった。彼はその功績によって日本で勲章ももらっている。

彼は間違いなく一時期カリスマ経営者だった。

コストカッターの異名をもつゴーンが、日産の立て直しにルノーから乗り込んできてすぐに手を打ったのは１９９９年のこと。「日産リバイバルプラン」のスローガンのもと、大掛かりな工場や設備の縮小と人員の削減を行なった。ゴーンのやったことは教科書どおりの常道である。何も新しいことをやったわけではない。そこに理念や哲学があったかというと疑念が残る。日産には、「NISSAN WAY」という立派な理念があるが、活用されたとは言い難い。あったとしても使われなければ、ないのと同様である。

徹底的な選択と集中により大幅なコストカットを行なった後に、有望な分野に経営資源を集中させ、社員の士気が阻喪《そそう》するのを防ぐために積極的に現場の社員ともコミュニケーションをとった。

部品や資材は最も安いところから仕入れるという全体最適路線に沿って、従来の多くの納入業者を排除した結果、日産の企業城下町はほぼ壊滅した。

短期間で会社から会社へと渡り歩き、大幅なコストカットと人員削減で企業を再生する人がいる。マスコミは、これを「プロフェッショナル経営者」として賞賛する。

だが多くの場合、後が続かない。

人心は疲弊し、業績は停滞しはじめる。元の木阿弥と化してしまう。

●再生すれども再建はせず

カルロス・ゴーン元日産CEOが瀕死状態の日産を立て直したのは、まぎれもない事実である。

その手法に賛否はあるものの、日産を死の淵から救った事実は動かない。たしかに彼は日産を再生した。倒産から救った。

しかし、彼が日産を持続的成長を伴う企業に再建したかというと、そこは素直には認めがたい。

なぜなら再建とは、倒れている人を助け起こし、自力で歩けるようにし、やがて走れるようにすることだからだ。

ゴーン元ＣＥＯは、倒れかけている瀕死の病人の日産を助け起こした。死をまぬがれ延命を図ることまではできた。

自力で歩ける、さらには走れるところまで再建させたかとなると、そこまでには至らなかった。自力で歩ける、また走れるようになるとは、社員一人ひとりが自信をもって、誇りをもって歩く、走るということだ。

コストカットの仕組みだけでは、社員が自信と誇りをもつには至らない。再建には価値観、大義、目的、すなわち理念の再構築が必要だからだ。果たして日産の社員は、ゴーン改革後の会社に誇りを感じていたのだろうか。私は、ゴーンは日産を再生したが、再建はしていないと考えている。

ゴーンの再生の腕は一流だ。並の経営者、ましてや日本人経営者にはできないことをやった。だが、企業が再び自力で歩き出す、すなわち再建するためには、そこに働く社員が1つの方向に動き出さねばならない。そのためには社員の自信と誇りが不可欠である。

ゴーンに関しては私が経験した後日談がある。日産リバイバルプランの成功を目の当りにして、ゴーンがマスコミから時の人としてもてはやされていた頃、私がある日本人経営者に対して「ゴーンは大した経営者ですよね」と言ったところ、「実はゴーンがやったことは我々にもわかっていたことなのです。だが我々日本人が極端な手を打つと、マスコミや労組に叩かれる。だから必要とは考えていたが、しがらみにどっぷり漬かっている日本人にはできなかったのです」という返事が返ってきた。

まさに〝Knowing Doing Gap〟（知っていることとやっていることの乖離）のお手本のような話であった。

●よい企業、よい経営者とは

人が動き出すにはＷＨＹ（なぜ）で納得していることが必要である。

「このままでは倒産する」という危機感は、人を動かす強い動機になるが、「のど元過ぎれば熱さを忘れる」で、皮肉なことに再生後には失われる動機でもある。

企業に必要なのは健全な危機感の醸成である。

それも一過性であってはならない。再生の後には、再建のための大義に基づいた方向性の明示が求められる。

ゴーンには目標も戦略もあったが、彼から大義ある理念は最後まで出てこなかったように思う。彼の口からは再建の叫びは出たが、最後まで大義や哲学は聞こえてこなかった。

我々は業績のよい企業をよい企業とし、その流れで業績のよい企業の経営者をよい経営者、よいリーダーと見なしがちである。残念ながら、いまだ業績以外には基準を持ち合わせていない。

理念なきリーダーをリーダーとは呼べない。もしもゴーンが稲盛和夫氏のような、社員が誇りをもてる、取引先を含む社会に尊敬される理念を打ち出していたなら、内部告発によって追い出されることもなかっただろう。仮に内部告発があったとしても逮捕、逃亡という事態に至らなかったのではないか。

ゴーンが一流の再生者だったことは間違いない。だが、彼は再生はできても再建はできなかった。

日産への貢献を背景に異常なまでに個人崇拝が過熱し、異論や反論を唱える人が周りにいなくなった。下手に反論すれば左遷の憂き目を見る。結果としてイエスマンの集団が生まれた。

残った日本人経営幹部の心には、ゴーンの圧政に対する恨みつらみだけが鬱積してくる。結果として、ゴーンが逮捕された後、彼を擁護する声は社内外ともにまったくといってよいほどなかった。

問題は何か。

ゴーンには企業再生のための経営力はあったが、人に喜んでついていきたいと思わせる再建のための人間力が致命的に欠けていた。

売上・利益、シェアを高めるという「利」には長けていたが、経営幹部や取引先の経営者の心をつかむという「情」がなかった。最後は裸の王様となり、ぶざまな姿でレバノンに逃げ出した。

ゴーンもお粗末だが、ゴーンを日産の救世主ともてはやしたマスコミも「人を見る目がなかった」という意味でお粗末といわざるを得ない。

経営者に必要な5ヂカラ

3という数字は世界中の幹部レベルのビジネスマン、とくにフランス人に好まれる数字である。

私も経験したが、米国企業で日常的に使われるエグゼクティブサマリー（経営者のための要約）では、要点を3つにまとめるというのが常道だ。

なぜ3つなのか。

その疑問に歴代総理の指南役といわれた瀬島龍三氏は「1つでは少ない。4つでは多いので3がいい」と答えたという。

この話の真偽は定かではないが、人は奇数を好む。俳句は五七五だし、短歌は五七五七七で構成される。

3、5、7と奇数が好きなのは日本人に限らない。

その伝でいうと経営者にも5つの力が求められる。経営者に必要な5つの力とは次のとおりである。

1　経営力
2　リーダーシップ力
3　変化対応力
4　倫理力
5　チームワーク醸成力

●相反することを両立させる力

経営者である以上、1の経営力がなくては話にならない。

経営力とは広くとらえれば、この1~5を全部含むことになるが、あえて1つに絞っていえば「トレードオフ（Trade-off）」（あちらを立てればこちらが立たず）を止揚して、「トレードオン（Trade-on）」（あちらも立ててこちらも立てる）を追求することだ。

相反すること、たとえば品質向上とコストダウン、仕事と家庭、売上とサービスなど一見、「あちらを立てればこちらが立たず」の対立関係にある〝ものとこと〟をあえて並び立つようにすることである。

品質は、追求すればするほどコストがかかる。

コストを下げると品質は必然的に低下しがちである。しかし高品質を追求した結果、顧客満足度が上がり、その結果、売上も大きく伸びればコスト率は下がり、結果としてコストダウンにも成功できる。

経営とは、拮抗する複数の問題を絶妙のバランス感覚で乗り越える感性と技術だ。

2のリーダーシップ力とは方向性、すなわちトンネルの先の光を示すことである。リーダーとはリード（Lead）する人、人を導く人のことだ。人を導くには、トンネルの先に希望の光を灯し、それを指し示すことが必要となる。それができてこそのリーダーである。

3の変化対応力とは、後追い的に変化についていくことではない。変化を先取りして変わること、さらには自ら積極的に変化を起こすことだ。「変化先取り力」である。

4の倫理力については後述するとして、5のチームワーク醸成力とは「仕事はグループ（単に人の群れで烏合の衆）ではなくチームでやるもの、そのためにはチームメンバー全員が理念や目標を共有すること」という経営の鉄則で組織をつくり動かす力である。「5＋5＝10」を「5×5＝25」にする力である。経営は足し算ではダメだ。掛け算が望ましいのだ。

●最も重要な倫理の力

私が45歳でジョンソン・エンド・ジョンソン（J&J）の日本法人社長に就任したとき、当時のアメリカ総本社CEOジェームズ・バーク氏にこう尋ねた。

「バークさん、経営者にとって一番大事な能力は何ですか？」

バーク氏は即座に答えた。

「それは2つある。平均以上のインテリジェンスと極度に高い倫理観だ」

インテリジェンス（知性）は並よりも高ければよい。アホでは困るが天下の秀才である必要はない。だが、経営者がもつべき倫理観は極度に高い（Exceptionally High）ものでなければならないという教えである。知性よりも倫理観のほうがはるかに重要であるということを聞いて、私の全身に心地よい衝撃が走った。

目からウロコが落ちたというのは、あのときのことをいうのだろう。リーダーの倫理観は組織の風土に影響し、風土は社風となり、社風はやがて社格となる。そこには優れた企業文化が生まれる。経営者の5力のうち、最も重要な力が4の倫理力であると、私は固く信じている。ゆえに経営理念は、極度に高い倫理観の上に築かれていなければならない。

組織はリーダーの色に染まる

極度に高い倫理観の上に立っているリーダーの率いるチームでは、自ずとチーム全体の倫理観も高くなる。

「組織は戦略に従う」（アルフレッド・D・チャンドラーJr.）といわれる。組織の形態は、戦略を実行するために最適な形を取ることが望ましい。

ところが組織が官僚化すると、組織に最適な戦略を取るようになる。象徴的なのが霞が関の役所で、前例主義の横行、縦割り主義の行政、省益あって国益なしとさえ酷評される。戦略を実行するためなら、組織の形は戦略に応じて柔軟に変えてよい。いや変えるべきである。

では、組織のカラーはどうか。組織の体質、風土は長年かかってできあがったものである。一朝一夕には変わらないものだという意見もある。「ローマは一日にして成らず」という。この考えかたは半分正しく、半分間違っている。

トップやリーダーが変われば、組織の風土は短時間で大幅に変わることがあるからだ。

とくに店舗や営業所などの小さな組織では、人事異動で店長や営業所長が変わると雰囲気がガラリと変わることがある。集団はリーダーによって、その体質や雰囲気、行動パターンが変わるのだ。

小学校を例に挙げると、担任教師の人柄によって1年もすると生徒の雰囲気が変わるそうだ。明るい先生のクラスの生徒は明るくなり、反対に暗い先生のクラスは暗くなる。

企業でも、学校でも、組織の色合い（明るい暗い、正しい正しくない）はリーダーにより大きな影響を受けるのだ。

●水質は源で決まる

リーダー、すなわち上に立つ人の言葉や振る舞いは、常に下から注目されている。上の立場になればなるほど、下からの注目度は高い。トップともなれば1秒の隙もなく社員から凝視され続けている。縦から横から、斜めから下から、厳しい目で、ときには批判的な目で……。

トップの社員への関心は分散するが、社員のトップへの関心は収斂する。それだけ強い関心をもって見つめられているトップの言葉や振る舞いが、下に影響しないはずがない。

良かれ悪しかれ、社員がトップの言葉や行動に倣うのは当然のことである。そして、それが時間の経過とともに習慣化する。

習慣は企業の風土となり、社風、そして社格となる。

企業の社格の原点はトップの人格、人格の高低を決めるのに最も大きな要素は「インテグリティ」（Integrity）である。性格が高潔で誠実であり、言葉と行動が一致して一貫性があるということである。「源清ければ流れ清し」（荀子）という。トップの思想や志は、良くも悪くも必ず社員に伝わる。

経営理念も、トップがほんの一瞬でも理念に反した行動をとれば、下はたちまち理念の重要性を疑う。理念は力を失い崩壊する。

具体的な現象としては単なるスローガンと化すことになる。

だからこそ経営者には高い倫理観が求められ、自分を律する首尾一貫としたインテグリティが強く求められるのである。

●社風が社格をつくる

不祥事を起こす企業でリーダーがルールをきちんと守り、厳格に自らを律しているというケースはいまだにお目にかかったことがない。部下の不祥事は上司の行動をコピーした結果である。

川上が清らかなのに下流の水が濁るということはあり得ることだ。川の途中で豪雨があったり、何らかの事故があったりすれば水は濁る。

しかし、それは一時的なことであって常態化はしない。水源が清らかな川には、しっかりとした自浄作用があるのだ。

草は風の吹く方向になびく。

風が正しい方向に吹いていれば、草が誤った方向に向かってなびくことはない。この風が社風であり、社風が社格をつくる。

もう一度繰り返す。社格の原点はトップの人格である。

リーダーに求められる「理＝LN」と「情＝GNN」

リーダーがチームのカラーを決める。よいリーダーは、チームをよいカラーで染める。では、きれいに彩色するために必要なことは何だろうか。人を説得して納得させるためには、理（Logos）と情（Pathos）の2つが必要である。

論旨が破綻していては人を説得できないし、言葉に情がこもっていなければ心は納得しないからだ。

理とはIQ（Intelligence Quotient）であり、おもに論理と数字で構築される。左脳の世界である。

一方、情はEQ（Emotional Quotient）であり、右脳の領域である。

情は熱量が大であればあるほど影響力が高まり、納得のために大きな効果を発揮する。

情とは、日本人的な言いかたで表現すれば、義理（Giri）と人情（Ninjo）と浪花節（Naniwa-bushi）でもある。

情がGNN（義理と人情と浪花節）であるとすれば、理はLNである。つまり、論理

（Logic）と数字（Number）である。

方程式で示すと、正しいコミュニケーションは「（説得＋納得）＝（GNN＋LN）」となる。

人を説得し、さらに納得して動いてもらわなければならないリーダーには、いうまでもなく理と情がバランスよく備わっている必要がある。

理と情がコミュニケーションで重要な役割を果たすのは、相手も人間であり、こちらと同じように理と情をもっているためである。

こちらの理が相手の理に伝わり、情が相手の情を刺激する。

注意したいのは、日本人を相手にしたときは、日本人の理と情のバランスに合わせた表現が求められるし、欧米人相手では欧米型の理と情に訴えなければならないということだ。

どちらかというと日本人、それも中高年の日本人の内面性は、GNN（義理と人情と浪花節）が全体の大部分を占め、LN（論理と数字）が、その周囲を薄皮のように覆っている（79ページ**図表2-1**参照）。

一方、欧米人の場合はLNが中核をなし、その周りをGNNが取り巻くようにして存在する。J&Jの「我が信条」を見ても、志や価値観を主張する文章の組み立ては、かなり論理的であることがわかる。

日本人を説得し納得させるには、論理や理屈だけでは不十分で、情緒的なＧＮＮを加味すると効果が上がることが多い。反面、欧米人を説得し納得を取り付けるには、理性的なＬＮへ働きかけることが基本だ。

●企業への信頼感を醸成するもの

説得力とは、部下へ働きかけるときだけのスキルではない。企業が社会から認識されるための大きな力でもある。

ＬＮ（論理と数字）は、企業でいえば結果的には業績となる。客観性があり、誰が見ても一目瞭然。わかりやすさが数字のもつ強みである。論理的な整合性もつかみやすい。日本でも欧米でも企業は最終的には数字、すなわち業績で評価される。

だが、企業の業績は必ずしも商品、サービスの品質や技術の高さを反映していない。品質も技術もあるが、業績は並という中小企業は日本中に無数存在する。

むしろ企業業績はその会社の知名度や親しみやすさ、信頼感によって支えられている傾向が強い。では、企業の知名度や親しみやすさ、信頼感はどのようにして醸成されるのか。

たしかに大量のＣＭを打ち続ければ知名度は上がる。イメージもつくれる。

【図表2-1】GNNとLN、日本と欧米の違い

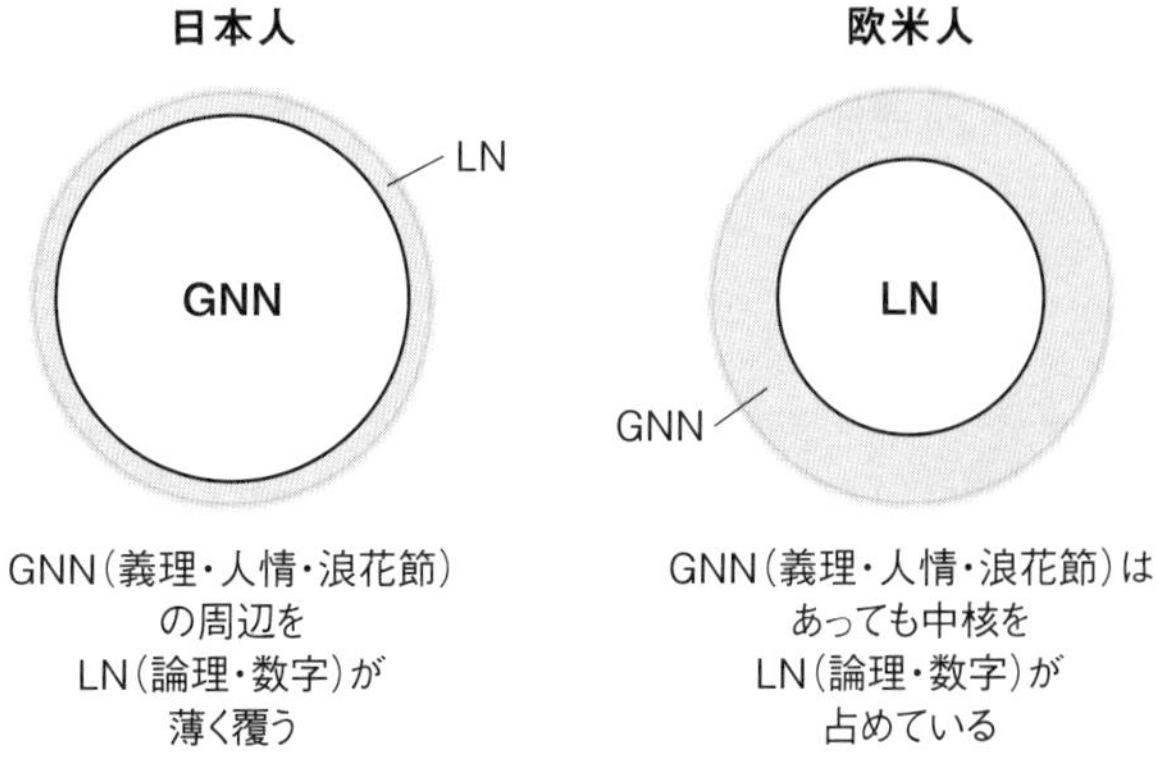

しかし本当の信頼感、安心感はＣＭや広報活動による上辺のイメージづくりでは得られず、それは本物とはいえない。すぐにぼろが出る。「病人にどんなに晴れ着を着せても、しょせん病気は治らない」のである。

そこは長年積み重ねた信頼関係がものをいうのだ。とくに地域社会を相手にしたとき、相互の信頼関係が及ぼす影響はきわめて大きい。

ユーザーや地域社会の信頼感の部分に働きかけるものは業績だけではない。その企業の経営姿勢や理念、理念に基づいた日々の社員の行動である。

そして社員を行動に駆り立てる原動力が「理と情」である。

人は論理で説得され感情で動く

人も社会もＬＮとＧＮＮの合わせ技で働きかけることで動く。「人は論理で説得され感情で動く」という名言を残したのは、度重なる挫折を乗り越えて65歳のときにケンタッキー・フライド・チキンを創業したカーネル・サンダースだといわれている。

私はこの名言にもう一言を加え、「人は論理で説得され、感情と勘定で動く」と言っている。論理とは理であり勘定は利だ。理は通っていても、損得を計算して利が薄いようであれば人は動かない。

感情とはいわば好き嫌いである。

人を動かすとき、好き嫌いは大きな要素である。

まったく同じ性能のＰＣを選ぶとき、マックファンはたとえウィンドウズ搭載の機械のほうがずっと安くても、マックを買う。自動車を選ぶときでも価格や性能より、メーカーとデザインを重視する人は少なくない。

では、人は利よりも好みを優先するのかというと、そうともいえないところがある。

高級なブランド品を好んで購入する人は、自分がブランド品を身に付けていることで得られる有形無形のメリット（利）もちゃんと計算している。

だから行動を支配するのは、論理性を中核に据えたうえでの感情と勘定なのである。

●人の心理と相場の動き

論理が支配していそうな株や為替市場も、実は感情の影響を大きく受ける。一般的には市場心理といわれるが、マーケットに心理があるわけではない。心理とは人の心理であり感情である。

２０１１年の東日本大震災は日本経済に大打撃を与えた。ずっと貿易黒字を続けていた日本も、このときばかりは輸入超過で貿易収支が赤字に転落する。

理論的には、貿易赤字の国の通貨が上がることはない。だが、このときは不思議なことに円高が進んだ。

人々は感情と勘定で行動したのである。

日本経済が打撃を受ければ、世界経済にも悪影響を及ぼす。世界経済が停滞すると判断した投資家は「危機のときの円」に逃げ込んだのである。

「危機のときの円」は一種の市場の呪文である。

経済的な落ち込みの最中にあった日本の通貨「円」が、最も安全な通貨ということは論理的にはあり得ない。

新型コロナ禍の初期も、一時期全国でトイレットペーパーがスーパーから消えた。100%国内の古紙が原料であるトイレットペーパーは、輸入云々とは直接的には関係しない。

しかし多くの人々が一部のデマ――トイレットペーパーの材料は中国から輸入しているので、トイレットペーパーが不足するという話を信じて買いだめに走った。

不安という感情から人が動けば、たしかに店頭からはトイレットペーパーが消える。店頭からトイレットペーパーが消えたことで、論理的にはあり得ないことが現実化する。

人の行動は感情と勘定に強く影響されるのだ。人を動かすときの原則である。

●JFKの演説はなぜ国民の心を打ったのか

感情に火を点けることとは、人を鼓舞することだ。それが理念の力でもある。

1961年、ジョン・F・ケネディは、第35代アメリカ大統領の就任演説で「諸君は国が諸君に何をしてくれるかを問うなかれ。諸君が国に何ができるかを問え」と国民に訴えた。

アメリカは第二次世界大戦の戦勝国として、戦後経済的にも多大な恩恵を受けた。アメリカは戦後しばらく国民に対し大盤振る舞いをしていた。しかしケネディが大統領になる頃には、国民に対する補償は底を尽きかけていた。

「与えられる側から与える側に立て」という訴えは、日本で消費税増税を迫るのと同じで国民受けが悪いはずである。

しかし、ケネディはあえてその国民受けしない政策を訴え、当時のアメリカ国民はケネディを受け入れた。

ケネディは、アメリカの国家設立の理念であるフロンティア精神に訴えたのである。国民にもう一度フロンティアに立てと鼓舞した。アメリカ国民の感情に訴えた。論理ではない、損得でもない、アメリカ国民の心に訴えたのである。

それがケネディ大統領の就任演説であった。

共有する理念に訴えられたとき、人は強く鼓舞される。たとえそれが損得勘定では損な選択であろうとも、感情に突き動かされるのだ。

次のリーダーを決める第一条件は理念の共有である

きわめて重要な命題なので、あえて繰り返す。経営者の最大の責任は、会社を倒産させないことである。

企業が永続的に繁栄するためには、自分が社長職を辞したときに、企業を引き継ぐ後継者がいることが条件である。

どんなに優れた経営者でも後継者を育てていなければ、どんなに業績を伸ばしたとしても、総合評価としては50点以下である。無論100点満点での50点だ。100点満点で50点では合格点には届かない。

私がJ&J日本法人の社長に就任したとき、アメリカ総本社CEOジェームズ・バーク氏に強く釘を刺されたのもこの点であった。

「ミスターアタラシ、君が社長を退くとき、もし後継者を育てていなければ、君に合格点をつけることはできない。せいぜい50点しかつけられない」

もし後継者が育っていないということになれば、はっきりいえば経営者失格ということである。後継者の育成は、経営者にとって最大のミッションといってよい。それを私は社長就任時に肝に銘じることになった。

具体例を挙げると、後継者育成で失敗したのが経営の神様とまでいわれた松下幸之助氏である。

反対に周囲から惜しまれながら、見事に後継者に社長職を譲ったのが本田宗一郎氏であり、最近の例でいえば「ジャパネットたかた」の髙田明氏である。

●社長が後継者に譲れない理由

現社長が身を引けない理由に、わが社には社長を任せられるだけの人材がいないという定番の言い訳がある。あえて「言い訳」と厳しい言いかたをするのは「いない」のではなくて「育てていない」からだ。

育てていないのに「いない」というのは、明らかに言い訳である。

なぜ、そういうことになるのか。恐らくどこの会社でも次のような社内風景があるのではないだろうか。

どんなに大きな組織でも、社長を凌ぐような人材はそうそういるものではない。

だから周囲は、お世辞半分、本音半分で「わが社には社長の代わりが務まる人材はいません。ぜひこのまま社長を続けてください。そうでないと会社がもちませんよ」と社長に留任を迫る。

言われた社長も、たしかに見渡したところでは、自分に肩を並べるような人物は見当たらないと思うし、思いたがる。

そのため、「もうしばらく頑張って社長を続けるしかないか」と思う。

――と、こういう流れが多いのではなかろうか。

●理念の共有があれば未熟さは伸び代

後継者の完成を待っていたら、社長はいつまで経っても譲れない。

後継者は未完成でもよいのだ。そもそも完全、完璧を求めるほうが間違っている。未完成なうちに経験を積ませて伸ばすほうが、完成を待つよりはるかに現実的で、有効であり、また重要でもある。

後継者に伸び代があってこそ期待がもてる。期待値こそ後継者の付加価値である。

では、どこを見て後継者を選べばよいのか。

【図表2-2】理念共有度とスキルのマトリックス

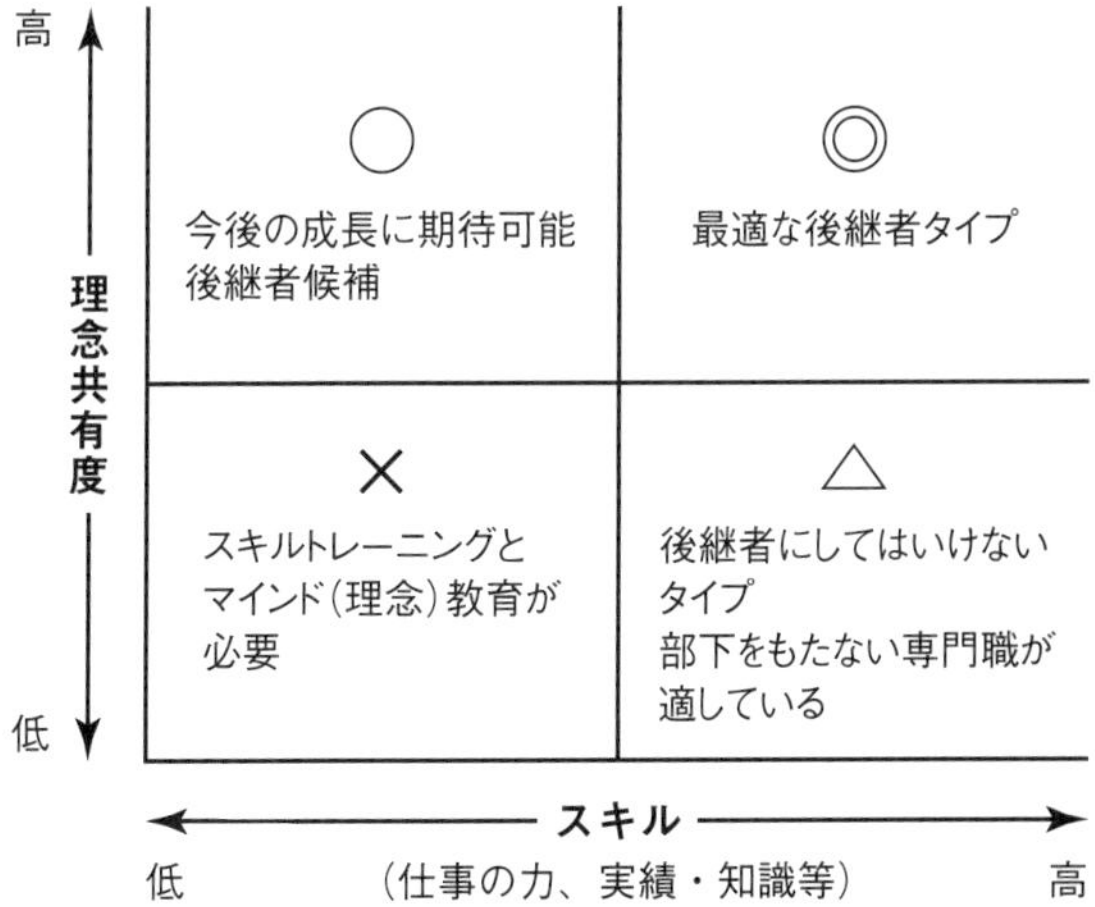

どういう人材が伸びるのか。

未完成の後継者に求めるべきものは、疑いなく経営理念の共有である。理念の共有度が、最も配点の大きい条件だ。

仕事の能力は経験と訓練で伸ばせばよい。私の経験からいっても、理念の共有度が高ければスキルやノウハウは経験と訓練で補える。

図表２-２に私の考える、理念共有度とスキルのマトリックスを掲げておいた。参考にしてほしい。

有言実行・言行一致・知行合一（Walk The Talk）の人であるか

リーダーは信頼される人でなければならない。人が人を信頼する基準の1つに真摯さ（インテグリティ）がある。

人は力のある人につき従うが、上がお粗末人間だと多くの場合ついてはいくものの、イヤイヤ渋々とついていく。インテグリティの高い人の後にはワクワクしながらついていく。地位や立場という力だけが人を引っ張る力ではない。肝心なのは、その人に備わった本質的な力である。人はそれを人望と言ったり、人間力と言ったりしている。

古代中国が舞台の『三国志』では蜀の劉備が誠実の人。魏の曹操は才気の塊のような人物である。

両者の力量では明らかに曹操が上である。

しかし、人々（中国人も日本人も）は『三国志』を劉備の物語として読む。曹操のファンも少なからずいるが、主役が劉備であることに異義を挟む人は少ない。真摯さや誠実さは人を惹きつける。

誠実さが、非力な劉備の下に多くの逸材を集めた。

幕末の京都で活躍した新撰組も、旗印が「誠」である。

もし新選組の旗印が「誠」でなかったら、歴史的にはそれほど大きな活躍をしたわけでもない新選組が、これほど日本人を惹きつけることはなかったかもしれない。

たしかに力も人をつき従えるが、勢いを失えば脆いものだ。

秦王朝が始皇帝亡きあと弱体化したとき、次の覇権を争ったのが楚の項羽と漢の劉邦である。項羽は力の塊のような人物で、力では劉邦を圧倒しており、実際次の覇者となりかけた。

ところが項羽の最期は、味方である楚人に囲まれて終わった。力だけで人を従わせれば力を失うとともに人も失う。力の「力」には限界があるのだ。

●誠実な人とはどういう人か

口だけの人を不実な人という。いわゆる口舌の徒である。

不実とは不誠実ということである。口ばかりで何もしない人は、組織の中で最も疎まれる人だ。「有言実行」に対して「有言不実行」の評論家である。

反対に、言っていることと、やっていることが一致している人のことを誠実な人という。英語では有言実行、言行一致、知行合一のことを、〝Walk The Talk〟（言ったとおりに歩く）と表現する。

リーダーとは人を導く人、Leadする人である。リーダーにとって、言っていることとやっていることが一致している〝Walk The Talk〟は最も重要な基本動作である。この基本動作ができないリーダーでは、後ろにいるのは地位と肩書になびく阿諛追従《あゆついしょう》タイプの部下ばかりとなる。

自分の周りにいるのがイエスマン、阿諛追従人間ばかりでは、「いざ鎌倉」というとき当てにならない。旗色が悪くなればたちまち雲散霧消してしまう。

〝Birds of a feather flock together〟（類は友を呼ぶ）という。力ばかりでインテグリティや誠実さのない人の下には、インテグリティの高い誠実な人は集まらない。

誠実さを単なる人のよさ、正直さとだけ捉えるのは大きな間違いだ。

有言実行、言行一致、知行合一が誠実さの条件とすれば、言ったことを誠実に実行することが肝心となる。言ったことを言ったとおりに実行するためには、ただ人がよいというだけでは不可能である。そこには実行するだけの力が要るし、実行するために周囲を説得し納得させるだけの粘り強さもなくてはならない。誠実な人は、力のある人なのである。

●理念との知行合一

誠実さの第一条件は言行一致にある。では、組織の最も先頭に立つトップリーダー、経営者にとって言行一致とは何か。それは理念と行動が一致しているということだ。

私はJ&J日本法人の社長時代、常にクレド「我が信条」を携帯し、会議での発言、意思決定の判断をクレドとクロスチェック（点検）していた。

理念とは非常時だけでなく、日常的にも使うものである。日常的に使うとは、日頃の行動が理念に反しない、理念を反映したものであることである。

理念に沿って〝Walk The Talk〟していることが肝心だ。

理念を知っているだけではダメで、行動が伴ってはじめて理念といえる。「知って行なわざるは、すなわち知らざるなり」（貝原益軒）。知っているだけで何も行動しないのは知らないことと変わりないということだ。

これは行動を重視する陽明学の教えである。知行合一でなければならない代表がリーダーだ。理念を誠実に実行する、それが誠実さの力を増幅し人を惹きつける力となるのだ。

スキルはトレーニングで、採用は人柄で

J&J日本法人の社長時代にある追跡調査を行なった。

入社13年の社員の入社試験の結果と、13年後の社内での評価、昇進昇格のスピードにどのような相関関係があるかを調べたのである。

その結果、入社試験の筆記試験の点数と、その後の社員のキャリアには、相関関係はまったく見出せなかった。

一方、面接試験の結果とその後のキャリアには、非常に高い相関関係があった。

つまり筆記試験の成績は、点数のよい社員がその後も順調に出世したかというと、そういう傾向はなかったのに対し、面接試験のときの評価が高かった社員の出世は、ほぼ評価どおりの結果となっていた。

筆記試験で見るのはおもに知識である。

面接試験で見るのは人柄、意欲、考えかただ。

なるほどビジネスで重要なのは、知識よりも人柄であるのかと、早合点してはいけない。

知識やスキルのないビジネスパーソンでは使い物にならない。

強調したいのは、スタートラインでは、重きを置くべきなのは知識やスキルよりも人柄だということだ。なぜなら、知識やスキルは入社した後でも訓練で身に付けることができるのに対し、人柄を訓練で変えることはできないからである。

●サウスウエスト航空の人事方針

人事の世界で有名な言葉がある。

〝Hire for attitude, train for skill〟（採用は態度で、スキルは訓練で）というものだ。これは浮沈の激しいアメリカ航空業界で、安定して黒字経営を続けているサウスウエスト航空の人事の方針である。

採用時に見るべきは、入社後に訓練すれば身に付く知識やスキルよりも人柄だというサウスウエスト航空の方針は、全米で広く知られている。

「三つ子の魂百まで」という言葉がある。人には生まれつきもった遺伝因子がある。DNAである。生まれたときにすでに決まっているその人の個性を訓練で変えることは、ある程度は可能ではあるが、至難である。採用の段階で見抜くしかない。

同じ訓練、同じキャリアを積んでも伸びかたは人によって差が出る。その差はつまるところその人の意欲と考えかたと努力によって決まる。

スキルは業務を遂行するための大事な力だが、リーダーの仕事とは人を動かして結果を出すことにある。人を動かして結果を出すには、スキルよりも人間力がものをいう。

J&Jの追跡調査の結果を見ても、面接結果がその後のキャリアに大きく関係していた。つまり、組織の中でリーダーになるためには、人柄が大事な要素である。人柄とは人間力、人望の淵源だからだ。

伸びる人材を採ろうと思えば、伸び代の大きい人柄に注目することとなる。

●伸び代のある企業とは

私は社長時代に、面接のときは常に相手の次の点に注目していた。

目に光があるか。

顔に輝きがあるか。

声に張りがあるか。

態度・発言に積極性があるか。
考えかたが前向きか。
背筋がシャキッと伸びているか。

この６点を満たす人が将来伸びる人である。翻って企業はどうか。企業を見るときに我々は筆記試験の結果ばかりを見ていないだろうか。

企業にとっての筆記試験とは現在の業績である。それはそれで大変重要な注目点だが、人も企業も将来に向かって伸びていかなければならない。

人の将来性を人柄で見るとすれば、企業の将来性はどこで見るべきか。長期の経営計画か、戦略か、それもたしかに判断材料である。

だが人の将来性が「人柄」に表われるのであれば、企業の将来性も「企業柄」に表われるはずだ。企業柄とは何か。社風や社格である。

社風や社格がどこから来るのか。それは間違いなく理念からだ。

理念がよければ社風もよくなる。社風がよければリーダーの動きが変わる。リーダーの動きが変われば職場の雰囲気が変わる。職場の雰囲気が変われば、社員の働き方も変わる。やらされ感たっぷりで仕事をするのではなく、ワクワク感を発散しながら、積極的に周りを巻き込みながら仕事に取り組むようになる。

社員がワクワク感にあふれた仕事をすれば、お客様の満足度が上がり、社会からの評価も高まる。

お客様の満足度と社会の評価が上がれば企業業績がよくなる。

企業の業績がよくなればなるほど、人財や設備、研究開発に投資することができる。企業が人財に投資すれば企業のステージが上がる。

企業のステージが上がれば、そこで一歩理念の実現化に近づくことができるというプラスの循環が生まれる。

永続的に繁栄することを宿命づけられている企業を判断するのに、現在の成績だけで判断するというのは、あまりに近視眼的である。

株価とは企業の将来に対して付けられる価値評価である。

理念と理念実行の進捗状況を見て、株式購入の判断材料としてもよいと私は思っている。長い目で見ると、理念にはそれだけの価値があるのだ。

第3章
経営理念は徹底した自己省察で見えてくる

意識が変われば態度が変わる
態度が変われば習慣が変わる
習慣が変われば人格が変わる
人格が変われば人生が変わる

理念とは経営者の魂である

ここまで経営理念について縷々《るる》述べてきた。では畢竟《ひっきょう》理念とは何か。改めてこの点を確認しておきたい。

理念とは、理想を念じると書く。理想とは誰の理想か。経営者自身の理想である。経営する企業のあらまほしき理想の姿だ。

経営者の理想は、経営者の思想、哲学、夢によって形づくられる。いわば経営者の魂を言語化したものが理念である。

言語化といったが、理念は必ずしも言語とは限らない。数式というケースもあるし象徴的に図形をもって理念とする企業もある。

経営者の理想・魂を視覚化したものが理念だ。数式でも図形でも、それが人々に伝わり、共感、共鳴、共有を生む。そこから共振が生まれる。

自分の魂は自分のものだ。

他人に支配されたり、外注して他人につくってもらうものではない。

ところが経営理念となると、広告会社やコピーライターに頼んでつくってもらうという企業をちらほら見かける。

自分の魂である経営理念を外注する経営者は、経営者の名に値しない。最低の経営者である。

●理念はどう形づくられるか

現在の日本を代表する経営者の一人、稲盛和夫氏が創業した京セラの経営理念は「全従業員の物心両面の幸福を追求すると同時に、人類、社会の進歩発展に貢献すること」である。ちなみに社是は「敬天愛人」。これは稲盛氏の出身地鹿児島の英雄、西郷隆盛が好んだ言葉でもある。

京セラの経営理念がこの形になるまでには、いくたびかの試練があった。

京セラを創業したとき、稲盛氏は理想に燃えていた。その理想とは、京セラ（当時は京都セラミック工業）を世界一のセラミック企業にするというものだ。

会社は比較的順調にスタートした。地元の大手企業から、安定的な仕事をもらうことができたからである。

稲盛氏は理想の実現のために寝食を忘れて働いた。

そんなある日、突然、労働組合が結成され、団体交渉を要求された。稲盛氏はわが社の理想は社員みんなが共有しているものと思っていたが、必ずしもそうではなかったのだ。

若い社員にとっては自分の家庭、将来設計という生々しい課題が目の前にある。

普通の生活をし、普通の家庭の将来設計をするためには収入が必要となる。世界一のセラミック企業という理想の実現だけが頭にあった稲盛氏は、団体交渉の過程で聞く若い社員の気持ちを重く受け止めた。

京セラの経営理念は、創業期の労働争議を経て生まれたのである。

稲盛氏は徹夜で団体交渉を行ない、社員の物心両面の幸福を追求することを誓い、「もしウソを言ったらオレを刺してもいい」とさえ言ったという。

●理念は一日にして成らず

稲盛氏の創業期の苦労に見られるように、理想というものは概して独りよがりで、一方的なものになりがちである。そのため理想を追求しようとすれば、往々にして周囲と衝突し軋轢《あつれき》を生む。

それがどんなにすばらしい理想であっても、企業という集団に共有されるには、一方的な理想のままでは、現実とのはざまでどこかで軋轢を生む。

経営者の理想、哲学を言語化した理念といっても、それが理念として完成して定着するまでにはいくつもの山を越え、修羅場をくぐり、風雪に耐えなければならない。「ローマは一日にして成らず」というが、言葉を換えると「理念は一日にして成らず」なのだ。

一晩考えてまとめたものを理念として掲げてもよいが、それを本当の理念として成り立たせるためには、稲盛氏ほどではないにせよ、苦労と苦心を乗り越えることを覚悟する必要がある。

人は修羅場をくぐって本物になる。

理念も磨かれて生きた理念となるのだ。そういう理念だからこそ、多くの人の共感・共鳴を得ることができ、共有することができるのである。

自分の運命は自分で支配せよ

人生を川の流れにたとえて歌い上げたのは、昭和を代表する大歌手・美空ひばりである。川の流れのままに翻弄される落ち葉のように、人は運命のままに流される。運命には抗《あらが》えないものだ。人生は運命に支配されていると考えている人は多いだろう。

ところが、そうは思っていない人間もいる。

「自分の運命は自分で支配せよ」と檄を飛ばしたのはGE（ゼネラル・エレクトロニクス）社の中興の祖、元CEOのジャック・ウェルチである。彼は続けてこう言っている。「さもないと他人に運命を支配されてしまう」。

原文は〝Control you destiny, or someone else will〟である。

自分の運命を他人に支配されてよいと考える人はいないはずだ。

だが他人まかせのまま、人生を送っている人を見ることは少なくない。仕事は部下（同僚）まかせ、政治は政治家まかせ、明日のことは風まかせという人は、結局自分では何も責任を取ろうとしない人である。

自分の運命を自分で支配することを怠ると、誰かがあなたの運命を支配してしまうという警告の言葉は、他人まかせの無責任な態度を戒めているのだ。

もし、自分の運命を他人の手に委ねている人がいたら、その人が人生の勝者となることはあり得ない。〝The best way to predict the future is to create it〟（未来を予測する最善の方法は自分の手で未来を創ることである）というピーター・F・ドラッカーの箴言《しんげん》がある。

●運命を支配するには

運命に抗って勝利できるか否かはわからないが、挑戦することもなく、自分を律することもしない人に、勝利の女神は微笑まないはずだ。

自立できる人は自律できる人である。

運命に翻弄されるだけの負け犬になりたくなければ、まず自分がどういう人間になりたいかを明らかにするという自省と内省、省察という作業が必要となる。

どういう人間になりたいかがはっきりしたら、次にどうすればそうなれるのか計画を立てる。

計画とは、すなわち時限付きの工程表である。目標を達成するために、いつまでに何をして、いつまでにどうなるという工程表をつくったうえで、今日やるべきこと、明日やるべきことを定め、手を抜くことなく実行し続けることである。

「卓越とは千の詳細である」（Excellence is a thousand details）という。

大きな成功とは小さな成功の積み重ねだ。今日一日を疎かにする人に、大きな成功は訪れない。自分を律することが大事なのだ。

●企業の運命を決めるもの

企業の運命も、景気や市場環境という運命に委ねているばかりでは負け犬必至である。自分の運命は自分が支配するように、企業の運命も経営者と社員で支配しなければならない。

そのためにはどうすればよいか。答えは個人の場合と変わらない。

まずどういう企業になりたいのか。そのために何をいつまでにやるのか。そのために今日一日を疎かにしないことである。

まずどういう企業になりたいのかは、いわずと知れた理念である。個人のケースではどういう人になりたいかは、自省、内省、省察を経て自分一人で決めればよい。

だが、企業は集団である。

どういう企業になりたいかは、経営者の自省、内省、省察を経て言語化されただけでは十分ではない。

社員が共感し共有するというプロセスを経なければ、経営理念は本当の力をもてないからだ。「よそごと、ひとごと、他人ごと」に終わってしまう。「わがもの、わがこと、自分ごと」にはならない。

京セラ創業期のように、意見の衝突とアウフヘーベン（止揚）があって、経営理念はみんなに共感、共有されるものに磨き上げられ、力をもつ。

経営理念の力が、企業の将来の姿、すなわち企業の運命を決める。

企業が自らの運命を自分で支配するためには、景気動向や市場の変化に目を配ることも大事だが、原点にある経営理念の力を見逃してはいけない。

景気動向や市場の変化に注意を払う以上に、経営理念を磨き上げ、多くの人に浸透させ、共感され共有されるように力を尽くすことが、自分たちの運命を切り拓くことになる。

これも理念の力だ。

組織力の基盤は理念にある

企業が運命を切り開くのも企業自らの力だ。企業の力の1つに組織力がある。組織力とはチームワークのことである。チームワークがよければ組織の力も強い。チームワークが悪くて、組織力が強いということはあり得ない。

大型量販店と小規模商店を比べるときに、規模の大小という見かたをすることは多いが、肝心なのは規模ではなく組織の質の力である。

組織の質の力はチームワークによる。チームワークとはチームメンバーが助け合う、お互いがお互いの足らざるところを補い合うという互助の精神と、最も適切なスキルをもった人が適切な役割に就く適材適所が肝となる。

チームワークを機能させるためには前提が必要だ。

まず、仕事はチームでやるもの、この基本が徹底されていなければならない。チームで仕事をやる以上、その成果もチームに帰属する。個人の評価はチーム内で決めればよいことで、一義的には仕事の成果はチームのものである。

●ピンチのときには集団は結束する

アメリカでは戦時となると、どんな大統領でもその支持率が跳ね上がる。新型コロナウイルスで国家的な危機に陥ったときも、当初、トランプ大統領の支持率は一時的に急伸した。人の集団はピンチになると結束するものである。しかし、それだけでは集団がチームになることはない。

企業も倒産の瀬戸際に立つと、組織が思わぬ力を発揮することがある。

ある2代目経営者が、生家の販売会社を引き継いだときの話を聞いた。彼は親の会社とは無関係の商社に勤めていたが、親の会社が赤字続きで倒産の際《きわ》に追いつめられたとき、取引銀行から呼び戻された、父親に代わって社長になるようにと言われたのである。

赤字会社を引き継ぐという火中の栗を拾いたくはなかったが、それが融資の条件と言われ、泣く泣く引き受けた。引き受けたものの、会社は明日をも知れぬ状況である。しかも追い討ちをかけるように上層部の社員が軒並み辞表を提出してきた。

ピンチのときには逃げる者と残る者がいる。

上層部の幹部たちは会社の状況をつぶさに把握しているので、さっさと逃げ切ることを考えたのである。会社の業績は最悪、上級幹部には逃げられる、2代目社長は頭を抱えた。

ところが、上級幹部が辞めた翌月から会社の業績が回復しはじめたのである。

●マイナスがプラスを生むことも

どういうことかと不思議に思っていると、ある若い社員がこう言った。

「実際に仕事をしているのは、お客様のところへ足を運んでいる現場の一般社員たちです。彼らがいままで以上に頑張りました」

上級幹部が一斉に去った後、残された一般社員の間に危機感が広まった。彼らは上級幹部のようにすぐに他社へ行けるだけの実績はない。いま、ここで頑張らないと自分たちの明日はないと思った社員たちは、見違えるように働いた。

幹部がいないので、上から押さえつけられることもない。積極的に協力し合って動き回った。かつてこの会社になかったチームワークが生まれた。その結果、数字が上がったのだ。

利益を押し上げた要因はそれだけではない。接待交際費を使っていた幹部がいなくなったので、そのぶんコストダウンができた。人件費も大幅に節減できた。望ましい意味での「火事場のばか力」が発揮され、そのためこれまでにない黒字額をはじき出したのである。

●理念がチームをつくる

ピンチに陥ったときの危機感が人を結束させる。

バラバラだった社員が、一時的にでも結束すると、組織の力は飛躍的に伸びる。しかし、組織はいつもいつもピンチに直面しているわけではない。また、ピンチのときに発揮する結束力は、平時のときには、そうおいそれと表面化するものではない。

では緊急時（ピンチ）ではなく、平時の際にはどうすればよいのか。緊急時であれ、平時であれ、社員の結束力を高めるためには、「グループ」を「チーム」に変換させることだ。グループとチームの違いは、そこに目標の共有と方向性の一致があるか否かである。烏合の衆である単なる集団（グループ）が、目標を共有すると、そこにはチームが生まれる。それが組織力を上げる基本である。

目標は、それが理念（目的）に基づいていて、さらに戦略を加えることで方向性となる。「君子は本（もと）を務《つと》む。本（もと）立ちて道生ず」（『論語』）という。チームの力は経営理念より生じ、目標という道になり、人々を動かす力となるのだ。

組織に理念がなければ道を失う。日暮れて道遠し、となる。

●制度設計の背骨も理念

組織力を上げるには、メンバー一人ひとりの意識と意欲を上げることが第一義だが、加えて組織の制度を整えることも大きな条件の1つである。

制度は、常に新しいものがビジネス社会に提案される。流行り廃りがある。しかし、最新の制度が最善であるとは限らない。どんな制度が適切かは組織によって異なるからだ。「会社もいろいろ、人もいろいろ」なのである。流行の制度よりも従来の制度のほうが適切なこともある。概して複雑な制度よりも、単純な制度のほうが望ましい。

最も肝心要なのは、その制度が組織の本（もと）である経営理念にかなっているかということにある。チームワークと持続的成長を大切にする理念の組織に、短期的な成果主義賃金制度はふさわしくない。もし、成果主義を導入するとしても、教科書どおりではなく、経営理念に応じたカスタマイゼーション（個別化）が必要である。

制度は経営理念の下にある「下位概念」なのだから、制度だけが独立して存在することはあり得ないし、あってはならない。制度という「形」の前には、理念という「心」が必要なのだ。心のない制度は形骸化する。

新人教育の第一歩は、理念の理解と納得

組織の力を上げる、すなわち単なる集団をチームにするにはメンバーの教育も重要だ。

私が日本法人の社長を務めたJ＆Jの場合、学卒の新人も45歳の中途採用の新人もクレド「我が信条」に共感して入ってくる。逆にいえばクレドとの共感度が高い（と思われる）人を採用する。いわばクレドが「踏み絵」となっているといえよう。

それでも新人教育の柱は、さらに理念の理解を深めることにある。学卒採用の新人も中途採用の人も、いままでは外にいた人である。

いかにクレドに共感しているといっても、それまでの人生が異なる以上、どこかに価値観の違いはある。

価値観は枝葉の部分はいろいろな考えかたがあるし、あったほうがよい。だが、肝心な幹の部分の価値観はクレドに沿ったものでなければならない。

バラバラの価値観を一定方向に収斂することが新人教育の肝であり柱である。

日本企業で、新入社員に仕事全体をまかせるという会社は稀だ。

多くの企業では、新人には仕事のパートしかやらせない。商談に同席しても発言権はなく、ひたすらメモ係に徹する。簡単な調べごとや書類整理など、あからさまな言いかたをすれば新人には雑用しかやらせない傾向がある。好ましくない意味での年功序列がはびこっている。厳密にいえば年功序列ではなく、「年齢序列」である。

●仕事をまかせるという教育

新入社員には大事な仕事をまかせない。だから責任もないかわり、やりがいもない。それで嫌気がさして、早々に辞めてしまう新人も多い。大卒の場合、新入社員の30％は3年以内に辞めてしまうという統計もある。

一方、欧米企業では新入社員でも一気通貫で仕事をやらせる。部署の仕事の範囲にもよるが、仕入れから製造、流通、販売まですべてを見る。他部署との折衝も新人が出ていく。苦労はあるが、やりがいもある。それが優れた欧米企業の新人教育である。

上司から求められるのは、結果と成長だ。新人といえども、毎年、新しい課題にチャレンジすることを要求される。多くの欧米企業は新人に自由に仕事をさせる傾向が強い。自由に仕事ができることは楽しいが、そればかりではない。自由には失敗する自由もあるし、落ちこぼれになるのも自由だ。新人には結果責任を伴うような「危ない」仕事をさせないという日本企業のほうが優しいし、思いやりがあるという見かたもできる。

●教育とは理念のすり合わせ

新入社員にとって自由度が高い、裁量権があるということは二律背反で、ともすれば勝手な行動に走る懸念もある。そこで何らかのタガが必要となる。しかし角を矯《た》めて牛を殺すような制限は、社員の成長のためにはふさわしくない。

新人の行動がチームワークを壊さないように筋道をつけるのがリーダーの役割だが、そこで重要な「ガイドの役割」を果たすのが経営理念である。新人とはいえ、やりかたについての制限は最小に留め、経営理念の確認と理解に最大の関心を払うのが教育の肝である。

この仕事は何のためか。そう問われたときは、新人でもそれが目標や戦略、さらに理念の実現のためであることはわかる。彼らも、もともと経営理念に共感を覚えて入社してきたのだ。自分のやっている仕事が理念に通じている程度の認識は共有している。

では、その仕事のやりかたは経営理念に沿ったものか。経営理念に反してはいないか。

そう問われると多くの新人は迷う。迷ったときに人はたくさんのことを考えるものだ。

それが当人の成長につながることは、いうまでもない。

●新人教育はリーダーの力を上げる

新人教育において、リーダーに必要なのは新人に対して正しい回答を与えることではない。大事なのは「考える姿勢」を助長することである。

新人から質問や相談があったとき、与えるのは答えではなく考えるためのヒントだ。新人とともに、経営理念の理解を深化させることはリーダーにとっても大きな成果をもたらす。人は人を教える過程で最も深く学ぶからだ。教えることは学ぶこと（To teach is to learn）である。経営理念のすり合わせを行なうためには、自分ももう一度、経営理念について見直し、深く考えなければならない。

こうした新人教育はリーダーにとっても貴重な「教育体験」となるとともに、自分自身の経営理念への理解を深めるという副産物をもたらす。経営理念の理解を深めるとは、単なる文字の連なりに、現実の息を吹き込む作業である。相手が新卒の若い新人でも、中途採用のベテランビジネスパーソンでも、この作業の重要さに変わりはない。新人教育とは、経営理念に対する深い理解と納得をもたらすものでなければならない。

理念に必要な共鳴力、共感力、共振力

社員教育のベースとなる経営理念とは、トップの価値観や思想、哲学から生まれるものだ。したがって生煮えのままでは、多くの人の共鳴、共感、共振を得ることができない。英語では、共鳴とは〝Empathy〟、共感は〝Sympathy〟、共振が〝Resonance〟である。もうすこし身近な表現をすれば、共鳴とは「親しみ」、共感とは「納得感」、共振は「ワクワク感」といえよう。

経営理念には人を惹きつける力が求められる。

そのためには共鳴＝「親しみ」、共感＝「納得感」、共振＝「ワクワク感」の3つの条件が欠かせない。生煮えの個人の想いだけで、この3つの条件を満たす経営理念をつくるのは難しいはずである。

どんなに崇高な理想を念じても、それを他者が受け入れられないうちは、お題目の域から出られないままだ。

理想の高さが、独りよがりに終わる例は少なくない。

●自己実現の限界とは

周囲に受け入れられない自己満足だけの理想は、果たして理念にふさわしいといえるだろうか。中国の古代王朝の1つ、周の時代に、伯夷《はくい》・叔斉《しゅくせい》という高潔な兄弟がいた。名声も高く人望もあった。

周の武王は殷王朝の支配下にあったが、あるとき宗主国であった殷王朝を倒すべく立ち上がった。周の武王もまた歴史に残る名君とされている。

伯夷・叔斉は、臣下である武王が君主である殷を倒すことは道に反するとして、進軍中の武王を諫める。しかし武王の決意は変わらず、周は殷を倒して周の勢力を広げた。

このことに憤った二人は、「周の粟《ぞく》は食らわず」と山中に籠ってしまう。山中でわらびを採って暮らし、二人はそのまま死んでしまった。

司馬遷の『史記』にある逸話だ。

孔子は、伯夷・叔斉の兄弟を「仁を求めて仁を得たり」と評価したが、中国の文豪・魯迅は二人を冷ややかに見ている。

世を憂い竹林の中で清談にふけっていても世の中は変わらない。

理想が己一人の理想で終わっては、理想が実現することはない。まして経営理念となれば社員と社会からの理解と共鳴がなければ共振は生まれない。あってもないのと同じことである。「燕雀《えんじゃく》いずくんぞ鴻鵠《こうこく》の志を知らんや」とお高く構えているだけでは、本当の経営理念の力を知ることはできない。

●その理念にワクワク感はあるか

高い理想を掲げるのはよい。だが掲げた理想が共鳴力、共感力、共振力をもたなければ本物の経営理念とはならないのである。

多くの人に関心をもって振り返ってもらうには、表現の方法も大事な要素だ。わかる人にだけわかればよいという自己中心主義や排外主義では、よい理念にはならない。

読む人をワクワクさせるような躍動するメッセージが備わっていれば、経営理念にとって大きなプラスである。

立派な経営理念を意識することも無論大事なことだ。

その一方で、伝わる経営理念、ワクワク感のある、親しみのもてる、納得する理念であることも負けず劣らず重要であることも意識するべきである。

ダイバーシティとリベラルアーツ

経営理念は、人が読んでワクワクするものであることが望ましい。多くの人に受け入れられる理念の形について、もうすこし考えてみよう。

もとより経営理念に万人受けする条件を付ける必要はない。どんな理想であろうとも、必ずしもそうとは考えない人もいれば、異論をもつ人もいる。異見は、それはそれで尊重すべきである。

〝Agree To Disagree〟（不同意に同意する、他者との違いを認める）という基本姿勢は、理念の構築においても大切な背骨である。

また、多くの人が共鳴し、共感し、共振する理念といっても、一般論に終始して個性のないものとなっては、誰もワクワク感を覚えられない。

理念には個性が必要だが、排外主義的なものでは不完全。といって一般論になっても不合格となる。

あちらを立てて、こちらも立てる。経営と同じで、理念を創るときにもトレードオン（両立）を成り立たせる絶妙のバランス感覚が求められるのである。

●ダイバーシティは現代の企業経営の条件

他者との違いを認めるという観点で注目すべきなのがダイバーシティ（Diversity）である。ダイバーシティは日本語で「多様性」と訳される。ダイバーシティすなわち多様性は、現代の企業経営にあっては避けることのできない所与《しょよ》の条件といってよい。

偏向しないこと、開放されていること、国際的であること、すなわち異なった価値観を包含、包摂したうえで、わが社としての個性を備えた理念の指標を示すことが、経営者には求められている。

経営理念にも、異なった価値観を包含し、包摂する幅の広さと奥行きが必要なのである。

ダイバーシティは「ジョロウガイ」、すなわち女性と老人と外国人の雇用といわれていたが、日本企業はすでに日常的に海外へ出て、外国企業と提携している。また、インバウンドが日本経済を大きく支える時代である。

外国人の心にも響く経営理念をもつことは、企業にとって大きな強みとなる。

●本質を見抜く力が理念を強くする

カナダ・マギル大学のヘンリー・ミンツバーグ教授は「ＭＢＡはサイエンスだけだ」と言っている。経営にはアート（直観）、クラフト（おもに経験に裏付けられた技術）、サイエンス（科学）が必要なのだが、ＭＢＡはこのうちサイエンスしか扱わないという主張である。だからＭＢＡ取得者はよい課長、部長にはなれるが、よい経営者にはなれないということである。

アート（直観）を高めるには、リベラルアーツが必要である。

リベラルアーツ（Liberal Arts）とは日本語では通常「教養」と訳される。しかしそれではしっくりこない。むしろリベラルアーツは「現象の本質を見抜く力」と訳すほうがふさわしいと私は考えている。教養とは、物事の本質を解き明かすための道具だ。

経営理念を創り上げるには、ダイバーシティとともに現象の本質を見抜く力、リベラルアーツが求められる。狭い専門分野の視野から抜け出し、大きく世界を捉えて、ワクワク感と普遍性のある経営理念を打ち立てるには、この２つが欠かせない。

理念にはグローバルな展開力をもたせよ

ダイバーシティとともに、現代の企業はグローバリゼーションからも逃れられない。世界中に商品・サービスを提供し、世界中から人が集まってくる日本で、ビジネスを展開する企業はグローバルな発信力をもつことを余儀なくされる。

お寺や神社が、外国人を受け入れるために伝統を放棄することはあり得ないが、彼ら外国人のために「おもてなし」の姿勢をもつことは大事である。

ダイバーシティ（多様性）とは、異なる価値観の衝突ではない。アウフヘーベン（止揚）である。両者が出会って衝突を繰り返したうえで新しい価値を見出すのである。

伝統は守りつつ、新しい時代に対応することは社会と社会の公器である企業、公共施設の宿命だ。伝統を守りつつ、時代に対応するという、これまた絶妙のバランス感覚を発揮しなければならないトレードオンのためには、しっかりした芯の存在が必要となる。

その芯が揺るがなければ、新しい価値観はいくらでも取り入れることが可能だ。

グローバル企業にとって経営理念は、世界に通用する〝Global Transferability〟の高いものでなければならない。移転可能、よい意味でつぶしがきくということだ。

●世界企業であるということ

グローバリゼーションが経営理念にも影響した実例を見てみよう。

J&Jのクレドは前述したように「我が信条」である。昔は、この「我が信条」の5つの項目に「神のご加護の下に」という文句があった。

あるとき会議で、「神のご加護とあるが、神とはどの神か」という議論が起きた。J&Jはアメリカで創業した企業であるから、神とはキリスト教の神である。神が一人しかいない一神教である。

しかし創業から100年以上が経ち、J&Jは全世界に広がった。世界にはいろいろな神がいる。日本では国内だけで八百万（やおよろず）の神がいる。

世界企業であるJ&Jの経営理念に、「神のご加護の下に」という文言は必要かという問題提起であった。

侃々諤々《かんかんがくがく》の議論が行なわれた。伝統と現状のせめぎあいである。

世界の人々が受け入れられる理念であるためには、「神のご加護の下に」はないほうがよい。しかし、「神のご加護の下に」はＪ＆Ｊの創業期の理念である。

議論の結果、結論は「神のご加護の下に」をクレドから削除することとなる。

「神」という言葉はクレドという「紙」から消えてなくなった。クレドの精神に立ち戻ったとき、世界の人々に受け入れられる形を取るほうが、よりクレドの精神にふさわしいというのがその理由である。

●経営理念に国境はない

経営理念ではＪ＆Ｊの「我が信条」のように「書かれていないこと」が大きな意味をもつこともある。

クレド・経営理念には、紙背《しはい》にもその精神がある。書かれた文言だけでなく、その文言に至った理想、哲学がより重要なのである。

それがいわば理念の芯に当たるものだ。

経営理念はわずか数行のものではあっても、その背後にはそこに至るまでの熟慮の山があるのである。

それがあるから、理念はちょっとやそっとの社会の変化に揺るがされることなく、柔軟に、また強靭に対応することができるのだ。

グローバリゼーションは今後、山谷はあってもさらに進んでいくはずだ。テクノロジーは後ろを振り返ることをしない。

テクノロジーの結果であるグローバリゼーションも、スピードに緩急はあろうとも後退はあり得ないはずだ。

企業は好むと好まざるとにかかわらず、グローバル化を余儀なくされる。グローバル化という方向性を支える理念に、国境や国籍は関係ない。

ＢｔｏＢの事業でも「ＢｔｏＳ」の視線をもて

ビジネスには、大きく分けてＢ２Ｂ（Business to Business）タイプとＢ２Ｃ（Business to Consumer）タイプがある。

そこにもう１つ、Ｂ２Ｓ（Business to Society）という概念を加えるべきだ。

Ｂ２Ｂとは企業を相手にしたビジネス、Ｂ２Ｃとは消費者を相手にしたビジネス、Ｂ２Ｓとは社会へ働きかけるビジネスである。

有名企業にはＢ２Ｂタイプもあるが、Ｂ２Ｃタイプが圧倒的に多い。カフェチェーン、レストランチェーン、スーパー・量販店、交通機関、食品や衣料品、家電、自動車等のメーカーのように消費者を直接相手にしている企業は知名度が高い。

対してＢ２Ｂタイプの会社は、実力はあっても、生活に身近な存在ではないぶん、知名度では劣る。パナソニックの乾電池は知っていても、日本電産がつくっているモーターを消費者が見ることはほとんどないはずだ。

日本は世界に冠たる工作機械（マザーマシン）大国だが、我々が直接それらを目にする機会は少ない。そのため発信力では、B2BタイプはB2Cタイプ以上に予算と人数をかける必要に迫られる。

一方、B2Cタイプは。1つの不祥事で会社が傾くことがあるように、社会と強い結びつきがある。したがって、B2Cタイプの経営理念や行動基準には、社会との関係性を強く意識したものが多い。

●社会への視線を理念に掲げよ

ビジネスの形態がB2Bであるにせよ、B2Cであるにせよ、これからの企業は常にB2S、社会の公器として、社会への影響、社会との関係を自覚することが不可欠である。

B2Cタイプの企業に比べ、社会的な認知度がやや劣るB2Bといえども、今日の企業は常に社会的に厳しい目にさらされている。

B2Bタイプの企業も、信用と信頼という蓄積された財産に支えられている。社会からレッドカードを突きつけられて存在することはかなわない。

B2Cタイプの企業も、B2Bタイプの企業もお客様に対する視線のない経営理念はないはずだ。それが理念の文言に明記されていなくても、背景には必ずと言っていいほどお客様への意識が流れている。近年では社員に対する視線も意識されているように見える。比較的弱いのが、仕入れ先への意識だ。ビジネス・パートナーという意識で仕入れ先についで触れている経営理念を目にすることは私の経験ではあまり多くない。

●紙背に存在する精神

これからは仕入れ先への視線や社会に対する視線が、経営理念の底に流れていることがますます大切になるように思う。永続的な繁栄のためには、お客様の存在は欠かせないが、同様に仕入れ先、取引先、納入業者、そして社会の存在なくして企業は成り立たない。持続的な社会があって、企業は永続的に繁栄できるのである。先述したＳＤＧｓは、いわば社会が持続性を保つために国連が提唱した方針である。経営理念が追求すべき企業の取り組みから、社会が抜け落ちているということは、もはや許されない時代になっている。たとえ社会からやや距離のあるイメージをもたれがちなＢ２Ｂタイプの企業といえども、社会に対し関心を払うことは必要であると同時に義務とさえいえる。

社会に対する視線、想い、これらも経営理念に求められる大事な要素である。理念の文言にはなくても、紙背にはなくてはならない。

経営理念は企業永続のための必要条件

ここまで述べてきたとおり、経営理念は、企業が永続的に繁栄するための十分条件ではないが必要条件である。

とはいえ永続的に繁栄するためには、安定的に業績を伸ばし続けなければならない。企業の安定的な業績向上は、永続的な繁栄のための条件といえよう。

企業が安定して業績を伸ばし続けるために、経営理念が大きな役割を果たすことは第1章で見たとおりである。

つまり、結論からいえば、企業を永続的に繁栄させるための必要条件とは、ほかならぬ経営理念にあるということになる。企業にとって経営理念の有無は、その明暗を大きく分ける大きな要素だ。

では、経営理念があればそれでよいのか。

この後、第6章で詳しく述べるテーマである。「知って行なわざるはすなわち知らざるなり」（貝原益軒）という。知（識）と行（動は）一致していることが鉄則だ。これを「知行合一」という。

経営理念もまた行動と一致してその力を発揮する。

経営理念は、ただそこにあるだけでは力を発揮しない。何の役にも立たない空念仏だ。日常的に使ってはじめてその力が解放される。額縁の中に閉じ込めておいてはいけない。生きた経営理念とは、間違いなく〝Working Tool〟なのである。

●理念から戦術まで一気通貫

企業が永続的に繁栄するカギは、先述したとおり理念にある。だが理念だけでは、具体的に企業が、いまどこに向かっているのかを指し示すことはできない。指し示すには方向性が必要だ。

企業の方向性は、〈方向性＝（理念＋目標＋戦略）〉で表わすことができる。

理念（目的・ビジョン）を夢に終わらせないために目標があり、目標を達成するためには戦略が必要だ。経営理念、目標、戦略は三位一体である。それぞれが別物なのではない。目標は経営理念（目的）を実現するための目標であり、戦略は目標を達成するために行なうべきこと（換言すれば重要経営課題）である。

目標も戦略も、経営理念から離れて存在することはない。

戦略がある以上、その下には「どうやるか」という戦術がある。戦略を実行するために、戦術という形で現場に落とし込まれる。戦術の立案と実行は目一杯現場にまかせ切るのが基本だが、戦術が戦略から乖離したり、戦略から逸脱することは許されない。戦術が戦略に準拠する以上、戦術もまた原点にある経営理念から離れることはないのである。

戦略が戦術という形で現場に落とし込まれるということは、とりもなおさず経営理念を現場に浸透させることにほかならない。すなわち、「経営理念＋目標＋戦略＋戦術」の4者は一気通貫なのだ。

永続的に繁栄する企業の必要条件を満たすには、「経営理念＋目標＋戦略＋戦術」を一気通貫で行なうこと。そしてこの4つを連動させて全社的に推し進めることにある。三位一体ではなく、四位一体の考えかたである。これを責任をもって遂行するのが経営者の務めだ。

企業レベルの経営計画も、部門計画も、社員個々の計画も、「経営理念＋目標＋戦略＋戦術」の縦串に貫かれていなければいけない。これにより、単なる人の群れである集団（グループ）がチームに変わり、組織に魂が吹き込まれることとなる。

第4章
優れた経営理念の条件
——実例にみる本質

"Excellence is a thousand details"
エクセレンス（卓越）とは
千のディテール（詳細）である

ジョンソン・エンド・ジョンソン「我が信条」

本章では、いよいよ優れた経営理念の実例をいくつか見ていく。

まず皮切りは、私がかつて日本法人の社長を務めていたジョンソン・エンド・ジョンソン（J&J）の経営理念「我が信条」（Our Credo）である。理念に関する本を見ると必ずといっていいくらい、紹介、引用される、恐らく世界で最も有名で尊敬（リスペクト）されている経営理念である。

〝Our Credo〟のCredo（クレド）とはラテン語の「私は信じる」に由来する。宗教的色彩の強い言葉である。ちなみにクレドは、正式には「クレード」と発音し、そう記すべきだが、本書ではすでに人口に膾炙《かいしゃ》した表記で統一する。

J&Jのクレドを世界的に有名にした引き金となったのが、「タイレノール事件」である。これについては第6章（210ページ）で詳しく紹介する。

私が在籍していた頃のこと、J&Jのアメリカ総本社のCEOに対してメディアから「なぜJ&Jは60年以上も連続して増収を、50年以上も増益を続けているのか」という質問があった。それに対して、ＣＥＯは「これが秘訣です」と1枚の紙を差し出した。

それが「Our Credo」である。

60年以上連続して増収、50年以上連続増益という驚くべき結果を出している背景には、いくつかの複合的な理由があるものの、その中で最も大きな効果を発揮している中核がクレドであるというのだ。

「クレドこそが私たちの継続的な増収増益の根源である」

Ｊ＆Ｊ総本社のＣＥＯはそう言いたかったのだ。

●なぜ株主が最後なのか

Ｊ＆Ｊのクレドの特長は「我々が果たすべき責任の対象は誰か」ということを述べたうえで、なおかつ「どの順番で責任を果たすべきか」という優先順位を明記している点にある。

責任の対象は、お客様、社員、社会、株主という順番で構成されている。この順番が大切なのだ。

「企業は株主のものである」という株主至上主義がはびこるアメリカ社会で、なぜこのような順番になったのか。どうにも腑に落ちない。そう思った私は社長就任直後、アメリカのニュージャージー州の総本社へ行ったとき、この疑問を当時のCEOジェームズ・バーク氏に投げかけてみた。

「バークさん、わが社は株式会社であるにもかかわらず、なぜ株主責任が最後なのですか？」

この問いかけに対する答えが、平凡でありながら刺激的なものだった。

「わが社は株式会社である。株式会社である以上、株主に対する責任は重大だ。だから我々は企業価値を高めて株価を上げ、配当を払うという株主に対する責任を果たさなければならない。しかし、株主に対する責任は1年こっきりの一過性のものであってはならない。継続性が必要だ。継続的に株主への責任を果たすには、その前にきっちりと果たさなければならない責任が3つある」

3つの責任とはお客様、社員、社会への責任である。

この3つの責任をこの順番で果たすことによって、結果として株主への責任を継続的に果たすことができる。

「株主責任が一番大切だからこそ、一番最後に挙げているのだ。物事には順番というものがあるのだ」

目からウロコが落ちる思いだった。

●５年ごとの見直し

株主責任の位置づけ、その前に果たすべき3つの責任、こういう点を考えるとJ&Jのクレドが理念や哲学の領域に留まらず、結果として実利にもつながっていることがわかる。まさに『論語と算盤』の世界である。

J&Jでは5年に1回クレドを見直している。そして必要に応じて改訂している。「神のご加護の下に」という一節についてはすでに述べたとおりだ。

その他にも2番目の社員への責任で、社員の家族に対する責任も加えるという改訂も行なった。

社員に対する責任の一端には、社員を支えている家族への責任もあるという提案を受けてのことである。

ただしクレドを変えるとしても、それは枝葉の部分である。根幹の部分は不変だ。

変えるということが一人歩きしてはならない。変えるべき必要を認めないのであれば、「変えてはいけない」のである。

【図表4-1】ジョンソン・エンド・ジョンソン「我が信条」(日本語訳)

我が信条

我々の第一の責任は、我々の製品およびサービスを使用してくれる患者、医師、看護師、そして母親、父親をはじめとする、すべての顧客に対するものであると確信する。顧客一人ひとりのニーズに応えるにあたり、我々の行なうすべての活動は質的に高い水準のものでなければならない。我々は価値を提供し、製品原価を引き下げ、適正な価格を維持するよう常に努力しなければならない。顧客からの注文には、迅速、かつ正確に応えなければならない。我々のビジネスパートナーには、適正な利益をあげる機会を提供しなければならない。

我々の第二の責任は、世界中で共に働く全社員に対するものである。社員一人ひとりが個人として尊重され、受け入れられる職場環境を提供しなければならない。社員の多様性と尊厳が尊重され、その価値が認められなければならない。社員は安心して仕事に従事できなければならず、仕事を通して達成感と目的意識を得られなければならない。待遇は公正かつ適切でなければならず、働く環境は清潔で、整理整頓され、かつ安全でなければならない。社員の健康と幸福を支援し、社員が家族に対する責任および個人としての責任を果たすことができるよう、配慮しなければならない。社員の提案、苦情が自由にできる環境でなければならない。能力ある人々には、雇用、能力開発および昇進の機会が平等に与えられなければならない。我々は卓越した能力を持つリーダーを任命しなければならない。そして、その行動は公正、かつ道義にかなったものでなければならない。

我々の第三の責任は、我々が生活し、働いている地域社会、更には全世界の共同社会に対するものである。世界中のより多くの場所で、ヘルスケアを身近で充実したものにし、人々がより健康でいられるよう支援しなければならない。我々は良き市民として、有益な社会事業および福祉に貢献し、健康の増進、教育の改善に寄与し、適切な租税を負担しなければならない。我々が使用する施設を常に良好な状態に保ち、環境と資源の保護に努めなければならない。

我々の第四の、そして最後の責任は、会社の株主に対するものである。事業は健全な利益を生まなければならない。我々は新しい考えを試みなければならない。研究開発は継続され、革新的な企画は開発され、将来に向けた投資がなされ、失敗は償わなければならない。新しい設備を購入し、新しい施設を整備し、新しい製品を市場に導入しなければならない。逆境の時に備えて蓄積を行なわなければならない。これらすべての原則が実行されてはじめて、株主は正当な報酬を享受することができるものと確信する。

【図表4-2】ジョンソン・エンド・ジョンソン「我が信条」（英文）

Our Credo

We believe our first responsibility is to the patients, doctors and nurses, to mothers and fathers and all others who use our products and services. In meeting their needs everything we do must be of high quality. We must constantly strive to provide value, reduce our costs and maintain reasonable prices. Customers' orders must be serviced promptly and accurately. Our business partners must have an opportunity to make a fair profit.

We are responsible to our employees who work with us throughout the world. We must provide an inclusive work environment where each person must be considered as an individual. We must respect their diversity and dignity and recognize their merit. They must have a sense of security, fulfillment and purpose in their jobs. Compensation must be fair and adequate and working conditions clean, orderly and safe. We must support the health and well-being of our employees and help them fulfill their family and other personal responsibilities. Employees must feel free to make suggestions and complaints. There must be equal opportunity for employment, development and advancement for those qualified. We must provide highly capable leaders and their actions must be just and ethical.

We are responsible to the communities in which we live and work and to the world community as well. We must help people be healthier by supporting better access and care in more places around the world. We must be good citizens — support good works and charities, better health and education, and bear our fair share of taxes. We must maintain in good order the property we are privileged to use, protecting the environment and natural resources.

Our final responsibility is to our stockholders. Business must make a sound profit. We must experiment with new ideas. Research must be carried on, innovative programs developed, investments made for the future and mistakes paid for. New equipment must be purchased, new facilities provided and new products launched. Reserves must be created to provide for adverse times. When we operate according to these principles, the stockholders should realize a fair return.

アマゾン——地球上で最もお客様を大切にする企業であること

アマゾンのミッションは1995年、同社がスタートしたときに定められた。

「地球上で最もお客様を大切にする企業であること」

「お客様がオンラインで求めるあらゆるものを探して発掘し、できる限り低価格で提供するよう努めること」

CEOのジェフ・ベゾス氏は、「私たちの熱いパイオニア精神は、狭き道でも探求へと導きます。ときには見通しの悪い道もあります。しかし、それらの狭き道が幸運にも大きな道へと発展するときもあるのです」と言っている。

同社を短期間に世界企業へ押し上げたのは、インターネットビジネスであることも大きいが、このパイオニアスピリット、チャレンジ精神が大きい。

アマゾンが掲げる理念「すべてはお客様のために」は、日本でも多くの企業で使われているフレーズである。後述するグーグルのユニークな表現に比べると、文言自体に目新しさはない。しかし、アマゾンほど徹底している企業がどれだけあるだろうか。クレドの「顧客への責任」を「タイレノール事件」で徹底してみせたJ＆Jに負けず劣らず、アマゾンは顧客満足を超えた顧客感動を徹底的に追求している。

●徹底した顧客サービスに他社が追い付けない

アマゾンの利幅は同規模の企業と比較すると驚くほど小さい。

顧客へのサービスにはコストがかかる。サービスに対価を求めない限り、サービスレベルが上がれば上がるほどユーザーは増えるが、利幅は薄いままで推移せざるを得ない。

アマゾンはそれを隘路として捉えず、むしろ自社の強みとしている。徹底的に顧客サービスを追求することで、他社の追随を許さない戦略である。

アマゾンの通販はスピードを追求する。ユーザーはどこよりも速く望む商品を手にすることができる。そのためには妥協を許さない。

お客様の利便性を追求することを使命とするアマゾンは、一方で社内の節約、倹約に厳しい。お客様へのサービスにはコストをかけているぶん、社内の経費はとことん削る。これは世界のいかなる国にあっても、商売の道理である。

では、そこに働く社員はどうか。アマゾンのＣＥＯジェフ・ベゾス氏の考えかたは、かつての日本企業に近いところがある。「長い時間働くこともできるし、猛烈に働くこともできる。賢明に働くこともできる。ただしアマゾンでは、この3つから2つを選ぶことはできない」と彼は言う。

かつては「長い時間働くこともできるし、猛烈に働くこともできる。賢明に働くこともできる。ただしアマゾンでは、この3つから2つを選ぶことができる」だったらしい。日本では働き方改革が叫ばれて久しいが、アマゾンは独自の道を進んでいる。

アマゾンのこうした労働観は、中国やアジアの新興企業に近いところがある。

●リーダーに求める行動原則

アマゾンには〝Leadership Principle〟（リーダーシップ・プリンシプル）という14項目の行動指針がある。リーダーがとるべき行動原則だ。

ここではアマゾンの理念、価値観が余すところなく語られている。「リーダーシップ・プリンシプル」はザ・アマゾンである。要約して記しておく。

○カスタマーを起点に考え行動する

○自分のチームだけでなく、会社全体のために行動する
○革新と創造を求め、常にシンプルな方法を模索する
○強い判断力と経験に裏打ちされた直感を備え、正しい判断を行なう
○常に学び、自分自身を向上させ続ける
○優れた才能をもつ人材を見極め、組織全体のために進んで人材を活用する
○常に高い水準を追求する
○大胆な方針と方向性をつくり、示す
○スピードを重視し、まず行動する
○倹約し、より少ないリソースでより多くのことを実現する
○注意深く耳を傾け、率直に話すことで信頼を得る
○常に各業務に気を配り、詳細も認識する
○信念をもつ。賛成できない場合には異議を唱える。しかし決定されたら、全面的にコミットして取り組む
○実行し、結果を出す

いずれも、すべてのリーダー、経営者に当てはまる普遍性の高い項目である。

P&G――世界の人々の、よりよい暮らしのために

P&G（プロクター・アンド・ギャンブル）社は、アメリカでも歴史と信用のある企業の1つである。日用品雑貨ほか、多くの企業を傘下にもっている。

P&Gの理念は、〝PURPOSE〟（企業目的）、〝VALUES〟（共感する価値）、〝PRINCIPLES〟（行動原則）の3つで構成されている。以下、抜粋してみる。

〝PURPOSE〟（企業目的）

私たちは、現在そして未来の、世界の消費者の生活を向上させる、優れた品質と価値をもつP&Gブランドの製品とサービスを提供します。その結果、消費者は私たちにトップクラスの売上と利益、価値の創造をもたらし、ひいては社員、株主、そして私たちがそこに住み働いている地域社会も繁栄することを可能にします。

〝VALUES〟（共感する価値）

私たちは、世界中で最も優秀な人材を引きつけ、採用します。私たちは、組織の構築

を内部からの昇進によって行い、個々人の業績のみに基づき社員を昇進させ、報奨します。私たちは、社員が常に会社にとって最も重要な資産であるという信念に基づき、行動します。

〝PRINCIPLES〟（行動原則）
私たちは、すべての個人を尊重します。
会社とその個人の利害は分かち難いものです。
私たちは、戦略的に重要な仕事を重点的に行います。
革新は、私たちの成功の礎です。
私たちは、社外の状況を重視します。
私たちは、個人の専門能力に価値をおきます。
私たちは最高を目指します。
相互協力を信条とします。

個人を尊重するというのは、同社が世界各国で、その国の文化風習を尊重している姿勢にも表われている。仕事か家庭かではなく、その両立を目指していることもわかる。そしてどうすべきかより、何をすべきかを重視している。Ｐ＆Ｇとはそういう会社だ。

経営理念のないアップルの理念

アップルには、公表されている明確なミッション・ステートメントがない。

そのためアップルの理念は、創業者の一人であるスティーブ・ジョブズ氏の思想・哲学にあると見られている。

つまり、アップル＝ジョブズという図式で捉えられることが多い。

アップルはユニークな企業であり、製品もユニークだ。だが、ユニークな企業は他にもある。アップルをアップルたらしめているのは、やはりジョブズ氏の強烈な人柄や個性によるところが大きいように見える。

では、スティーブ・ジョブズ氏はどんな思想、哲学をもっていたのか。

彼はさまざまなところ、さまざまな場面で印象的な発言を残している。よく知られているのは次の言葉だ。

「私は毎朝鏡を見て、自分にこう問いかけるのを日課としてきました。『もし今日が自分の人生最後の日だとしたら、今日やる予定のことを、私は本当にやりたいだろうか？』。

それに対する答えがＮＯという日が何日も続くと、そろそろ何かを変える必要があるなと、そう悟るわけです」

●「どうあるべきか」を追求したジョブズ

あえて短絡的な読みかたをすれば、１つのことに飽きたら別の方向に向かうというようにも解釈できる。自分を変えながら「自分探し」を続けてきたように見える。「自分探し」というと、きれいごとをやっているようにも聞こえるが、真の「自分探し」とは究極の真理の追求でもある。孔子、仏陀の行跡をたどれば、そこには徹底し透徹した「自分探し」がある。

テクノロジーと自己の内面の探求、ジョブズ氏はそれを「テクノロジーとリベラルアーツの交差点」と呼んだ。ジョブズ氏は生涯、アップルとはどういう会社でどうあるべきかを追求していたはずだ。それは彼の言葉の端々に見て取れる。

アップルに経営理念がないというのは、同社に理念がまったくないということではない。ジョブズ氏が理念探求の道半ばで斃《たお》れてしまったということであろう。彼が生きていたら、どんな理念を打ち立てたか。残念だがそれはもうわからない。神のみぞ知るだ。

プルデンシャル生命の「三方よし」

プルデンシャル生命保険は、アメリカ最大級の金融サービス機関プルデンシャル・ファイナンスの一角を占める生命保険会社である。

プルデンシャル生命保険の経営理念で特徴的なのは、徹底した顧客志向である。バリュー、ビジョン、戦略のどの項目も顧客志向という考えかたで貫かれている。

さらには自分を変え、お客様を幸せにし、社会貢献に尽くすという「三方よし」の精神が、短い文章の中にみなぎっている。優れた理念の1つといえるだろう。

同社日本法人社長の濱田元房氏と対談する機会があった。濱田社長は次のように述べた。

「会社が持続的に繁栄するための条件として、〝売り手よし、買い手よし、世間よし〟の『三方よし』を意識し、あらゆる機会に社員にも伝えてきました。当社にとっての三方よしは、お客様、社員、会社がバランスよく満足する状態のことです」

この会社には、社長の魂が通っている。

【図表4-3】プルデンシャル生命の理念

We are the Prudential

プルデンシャル生命の社員は、生命保険業を通じ、社会に貢献しようとする強固な意志で結ばれています。

我々には、時代を開拓する精神、生命保険の正しい在り方を追求する信念、そして、人間愛・家族愛の不朽の原理を伝える心があります。

我々は、Core Values、Vision、Mission、Strategyを指針に、自らの手によって時代を創造し続けます。

Core Values

- 信頼に値すること（Worthy of Trust）
- 顧客に焦点をあわせること（Customer Focused）
- お互いに尊敬しあうこと（Respect for Each Other）
- 勝つこと（Winning with Integrity）

Vision

我々は、日本の生命保険事業の在り方に変革をもたらし、日本の生命保険市場において顧客から最も信頼される会社となる。

Mission

我々は、顧客の一人一人が経済的な保障と心の平和を得ることができるように、最高のサービスを提供することを使命とする。

Strategy

我々は、生命保険の真のプロフェッショナルであるライフプランナーを育成し、一人一人の顧客に対してニードセールスを行い、保険金をお届けするまで一生涯に亘りパーソナルなサービスを提供する。

ジャック・マー率いるアリババは世界がお客様

ジャック・マー氏は名目上、後進に道を譲り第一線を引いている。しかし、依然として
アリババグループ(阿里巴巴集団)をジャック・マー氏と切り離して考えることはできない。

アリババは、世界のどこで何が売れているのか、どこの国でどんなニーズがあるか、24時間片時も目を離さない会社である。

同社のサービス「アリペイ」は、世界中どこにいても、すばやく簡単に決済可能なシステムを目指している。毎年11月11日、彼らのいう「独身の日」に行なわれるセールは1日で3兆円以上の売上がある。

この売上を可能にしている背景には、無論インターネットの存在がある。だが、それだけではない。受発注システム、電子マネーによる決済システムなど基盤となるシステムがしっかりしているのだ。

アリババの理念はビジョン、ミッション、バリューで構成される。アメリカへ留学したジャック・マー氏らしく、この構成はP&Gほかアメリカ企業では標準的な形である。

【図表4-4】アリババの理念

●ビジョン

アリババは未来のビジネスエコシステムを築くことを目指す。お客様がアリババで出会い、仕事をし、生活すること、そしてアリババが少なくとも102年以上続くことを思い描いている。

アリババで出会う　我々のユーザー間、買い手と売り手の間、企業間において、毎日１億以上を超えるコマース／ソーシャルのインタラクションが生まれることを実現する。

アリババで仕事をする　お客様にコマースとデータテクノロジーに関する必要不可欠なインフラを提供することで、ビジネスを立ち上げ、エコシステムの参加者が分かち合えるようなバリューを創出できるようにする。

アリババで生活する　アリババがお客様の日常生活における中心になれるように、プロダクトとサービスを拡張していくことに努める。

102年　1999年に生まれた会社にとって、102年続くことは３世紀に渡ることを意味しており、この実現を主張することができる企業は少ない。我々の文化・ビジネスモデル・システムは長期でのサステナビリティーを実現できるように長く続くように設計されている。

●ミッション

ビジネスをどこでも簡単にできるようにする。我々は企業がマーケティング、セールス、オペレーションのあり方を変えることを可能にする。そのため、アリババは必要不可欠なテクノロジーインフラ・市場へのリーチを提供することで、売り手・ブランド・その他のビジネスにおいて、ユーザーや顧客とつながるためのインターネットの力をレバレッジさせる。我々のビジネスはコアとなるコマース、クラウドコンピューティング、デジタルメディア、エンターテインメント、イノベーションイニシアティブなどから成り立っている、我々はロジスティクスや地域のサービスセクターに参加している。さらに、中国において第三者決済プラットフォームのリーディングカンパニーである「アント・フィナンシャル社」と戦略的リレーションシップを保持している。

●バリュー

・お客様ファーストの精神
・チームワークを重視すること
・変化に向かい、大胆にイノベーションすること
・誠実さ
・情熱と楽観
・仕事を敬うこと

謎多き企業ファーウェイの謎多きCEOの理念

同じ中国のIT系企業でもファーウェイ（華為）には、アリババのような整ったビジョン、ミッション、バリューという形のものはない。

さらに同社創業者でCEOである任正非（レン・ジェンフェイ）氏は、アップルのスティーブ・ジョブズ氏のように多くの発言を残していない。そのため、中国国内でもファーウェイは有名な情報通信企業ということ以外の、経営理念や企業文化などインサイダーな情報はあまり知られていないようだ。

「ファーウェイには競争相手はいない。我々はほとんどの場合、業界の皆様とともに人類社会に貢献しているのだ。強いて言うならば、自らの怠慢こそが我々の戦うべき競争相手だ」。これは任正非氏の言葉として伝えられる。2017年に同社カナダオフィスで従業員と対話したときの記録らしい。「ファーウェイは、今後新たな市場を獲得するために、どのように競争していくべきか」という従業員の問いにこう答えたという。

「自らの怠慢こそが我々の戦うべき競争相手だ」という言葉は、「わが社の最大の敵はわが社である」というトヨタ自動車の自戒の言葉にそのまま重なる。

また、外の敵に対するのは容易だが、内なる敵（油断や過信、慢心）は外の敵よりもはるかに厄介という中国の故事を思い出させる。この答えはいかにも東洋人、中国人らしい。答えは常に自分の足元にある。

●傷つくことを恐れない強さ

ファーウェイは、決してソリューション企業にはならないし、情報ビジネスもやらない、情報通信のインフラと機械メーカーであると宣言している。事業ドメインを明確にしている点ではJ&Jと同じだ。だが、ファーウェイならではという文化もある。ファーウェイのオフィスへ行くと、額に入った絵が飾ってある。描かれているのはソ連の戦闘機「イリユーシン」だ。その下にはこうある。

「累々たる傷を負わずに、どうして厚い皮ができようか。英雄とは古来困難によって磨かれる」。創業者任正非氏は、ファーウェイ創業期に大変な苦労をして同社を築き上げた。困難は人を磨く。山中鹿介《やまなかしかのすけ》の「我に七難八苦を与えたまえ」ではないが、そういうタフさがアリババとは違うファーウェイの強さであろう。

創業期の葛藤を経て築き上げられた京セラの理念

稲盛和夫氏が創業した京セラの理念は、社是、経営理念、経営思想、経営の手段の4部構成となっている。すでに述べたように、創業期のいくたびかあった葛藤を経てできあがったものである（99ページ参照）。

社是は「敬天愛人」、経営理念は「全従業員の物心両面の幸福を追求すると同時に、人類、社会の進歩発展に貢献すること」である。

経営思想は「社会との共生。世界との共生。自然との共生。共に生きる（LIVING TOGETHER）ことをすべての企業活動の基本に置き、豊かな調和をめざす」。

経営の手段として次の2点が掲げられている。

1. お客様に喜ばれる製品（心のこもった製品）、並びに誠意溢れるサービス、即ち良い製品をより安く供給し、又常に新技術開発に努め、優れた新製品を供給することにより、商売を円滑に進め、適正な利益を得ること。

2．社内に於いては、お互いに感謝報恩の心を持ち、お互いに誠を尽くし、心と心の信じあう其の心を基にして対立のない、お互いに助け合う大家族主義で運営する。

●時代におもねらない思想

押しも押されもしない日本を代表する名経営者、稲盛和夫氏の経営理念である。だがよくよく見ると、平成に入り令和を迎えてからの日本企業とはすこし色合いが異なることがわかる。

大家族主義の経営とは、昭和30年代の日本企業が言い出した思想だが、平成に入ってからは、多くの企業が過去のものとしてきた思想である。

一方、共生と調和は近年の思想だ。

つまり京セラの理念は時代の流行、世の中の趨勢とは一線を画した独自の姿勢で貫かれてきたことを意味する。

心地よい骨の硬さである。

時代が流れようと、社会が変わろうと、変わらない価値観を追求し、しっかりと企業の根本に置いている。

「三方よし」に還った伊藤忠グループの理念

伊藤忠商事は、経営理念を「三方よし」に改めた。三方よしとは、すでに何度か述べたとおり、近江商人の商人道「三方よし」である。

「売り手よし」
「買い手よし」
「世間よし」

これが伊藤忠商事の新しい経営理念となった。伊藤忠商事は自身も近江商人の一人である創業者・伊藤忠兵衛が1858年に創業した企業である。「三方よし」は創業以来、伊藤忠の精神として現在まで受け継がれてきた。

伊藤忠商事のホームページには、「三方よし」の精神について、次のように記してある。

「自社の利益だけでなく、取引先、株主、社員をはじめ周囲の様々なステークホルダーの期待と信頼に応え、その結果、社会課題の解決に貢献したいという願い。『三方よし』は、世の中に善き循環を生み出し、持続可能な社会に貢献する伊藤忠の目指す商いの心です」

●君子財を愛す

伊藤忠兵衛の座右の銘は「商売は菩薩の業、商売道の尊さは、売り買い何れをも益し、世の不足をうずめ、御仏の心にかなうもの」だったという。

これが創業の志ということであろう。企業は何のためにあるのかというミッションが、創業時からきちんとあり、それが代々引き継がれている例というのは、世界でもそういくつもあるケースではない。

伊藤忠商事は、はじめに志ありきの企業だったのかもしれない。

「商売は菩薩の業」という言葉と似たものに、「君子財を愛す、これを取るに道あり」（『論語』）がある。「財」とは利益、「道」とは道程である。この孔子の言葉も渋沢栄一や住友ほか、やはりいくつかの日本企業で精神的支柱となっている。

伊藤忠商事の行動指針は「ひとりの商人、無数の使命」だ。

これは〝Cause〟すなわち大義である。人は大義を感じたとき、大きな仕事をする。小さな私利私欲でやれることは大したことではない。大きな使命感〝Cause〟があって、商売（ビジネス）も大きくなることができるのだ。

企業文化が理念を支えるグーグル

世界のトップ企業の経営理念を見ていえることは、国籍、業種、業態、規模などは異なっていても、驚くほど共通した点があるということだ。言葉の選びかた、表現はそれぞれに個性があり多様性はあるが、根幹の部分は同質である。

グーグル（Google）の理念は、「Googleの使命は、世界中の情報を整理し、世界中の人々がアクセスできて使えるようにすることです」である。

これだけだと、たとえばJ&Jの「我が信条」とどこが似ているのか、わかりにくい。グーグルにはもう1つ有名な「Googleが掲げる10の事実」がある。こちらはより具体的に、グーグルの社員、社会への考えかたが、グーグルらしい言葉で表現されている。

グーグルは常にこの10項目を見直している。ちょうどJ&Jが定期的に「我が信条」を見直しているのと同じだ。

1. ユーザーに焦点を絞れば、他のものはみな後からついてくる。

2. １つのことをとことん極めてうまくやるのが一番。
3. 遅いより速いほうがよい。
4. ウェブ上の民主主義は機能する。
5. 情報を探したくなるのはパソコンの前にいるときだけではない。
6. 悪事を働かなくてもお金は稼げる。
7. 世の中にはまだまだ情報があふれている。
8. 情報のニーズはすべての国境を越える。
9. スーツがなくても真剣に仕事はできる。
10. 「すばらしい」では足りない。

それぞれにユニークで、深い洞察のある文言だ。グーグルのホームページでは、それぞれについて解説が掲載されているので、より詳しく知りたい方はそちらをご覧いただきたい。

●世界が共感する価値観

私が注目するのは、10のうちの４つである。

〈1．ユーザーに焦点を絞れば、他のものはみな後からついてくる。〉

顧客を第一にもってくる点は「我が信条」と同じだが、ＣＳ中心にものを考えるということは、多くの企業に共通している。

言辞的には、そう言っている企業が本当に真摯に顧客のことを考えているかとなると、自社の都合を優先順位の第一とし、顧客はせいぜい二番目という企業が多い。

グーグルは顧客志向に妥協を許さない。それは一言でいえば真摯さ（Integrity）である。顧客に対して、どこまでも真摯であること。邪なことは許さない。

グーグルの理念は、徹底的に自分たちの都合優先を排除している。

〈6．悪事を働かなくてもお金は稼げる。〉

グーグルらしいユニークな表現である。ここでは1のユーザー志向をさらに具体的に展開し、おもに広告のルールについて明確にその基準を述べている。

この〝Don't be evil〟（悪事を働くな）はグーグルがAlphabetの傘下に入ったことで〝Do the Right Thing〟（正しいことをやれ）という行動規範に変わった。

〈9．スーツがなくても真剣に仕事はできる。〉

これもユニークな表現だ。仕事はチャレンジングでなければいけない、だがチャレンジは楽しくなければいけないというのがグーグルの考えかたである。

「白色のシャツにネクタイ着用」と、社員に強制したひと昔前のＩＢＭとは、正反対の考えかただ。

グーグルの考えかたは、私がＪ＆Ｊに入社したときに当時のＣＥＯジェームズ・バーク氏から言われたこととまったく同じである。

「ミスターアタラシ。仕事はすべからく〝Fun〟（楽しむ）でなければよい仕事はできない」。バーク氏は私にこう言った。裃《かみしも》は脱いでリラックスして仕事を楽しもうということだ。

●ＷＯＷ！のある会社

日本ホールマークを黒字に建て直したとき、私は開発担当の社員に〝ＷＯＷ！〟のある商品を開発するように依頼した。

グーグルがＷＯＷを追求していることは、最後の10の「『すばらしい』では足りない」に表われている。

単なる顧客満足（ＣＳ）ではまだまだ不足なのだ。顧客の期待と商品・サービスに対する満足度が等価値であることを顧客満足という。

だが、グーグルの言う「『すばらしい』では足りない」は、等価値の顧客満足を超えた「顧客感動」という付加価値を目指しているのだろう。

顧客感動とは、顧客が商品・サービスを利用した結果が、当初抱いていた商品・サービスへの期待値を超えている状態をいう。まさにWOW！　の世界である。

グーグルは検索のサービスで「たとえユーザーが自分の探すものを正確に把握していなくても、ウェブで答えを探すこと自体はユーザーの問題ではなくGoogleの問題です」と言い切っている。

「つまり、ユーザーが現状に満足していないことが Google のすべての原動力となっているのです」ということである。

「Googleが掲げる10の事実」は「我が信条」よりも具体的で、かなり細かい事実にも踏み込んで理解しやすいように構成されている。

具体的な行動について述べているがゆえ、言葉の違いはあるものの、そこに書かれている価値観は、私がここまで述べてきたことと近い、あるいは重なっていることもおわかりいただけるだろう。

優れた経営理念の本質は、きわめて同質性が高いのである。

第5章 経営理念の創りかた

未来を予測する最善の方法は
自分の手で未来を創ることである
(ピーター・F・ドラッカー)

渾身の想いで生きた理念創りに取り組め

現在、経営理念がない、または、あることはあるが、この際、抜本的に見直したいと考えている経営者のために、ここからは具体的な経営理念の創りかたについて述べていきたい。

前章まで述べ、実例でも示してきたとおり、経営理念は企業の魂である。それはとりもなおさず経営者の魂ということでもある。

経営理念とは魂の言語化、見える化である。

渋沢栄一は彼の事業に対する理念を「論語と算盤」とし、書籍も出版している。『論語と算盤』は、彼が事業の第一線を退いた後に記され、渋沢の思索の集大成として発行された。1916年、渋沢76歳のときのことである。

渋沢栄一の思想は「道徳経済合一説」である。では、どうすれば道徳と経済は合一が可能なのか。事業家渋沢栄一にとって経済について語ることは、自分のやってきたことであるから己の掌を指すようなものだったに違いない。

しかし、道徳は何を頼りとするか。それが論語である。

論語は渋沢が役所（現在の財務省）を辞めて実業界に入るときから、自らの志のよすがとしてきたものだ。事業家になるには、利益を上げなければならない。しかし、利益追求だけでは事業家を志した甲斐がない。

渋沢にとって事業とは「世のため人のため」に尽くすことだった。

●事業と志のバランス

孟子は「上から下まで利益ばかり求めると国が衰退する」と言った。

本当の事業は、世のため人のためになるものだ。しかし、事業が世のため人のためになるには、まず事業が自立していなければならない。他人の世話になっているばかりでは、世のため人のためになることは不可能だ。

渋沢はそこで「論語と算盤」に行き着いた。「道徳経済合一」の道を求めたのである。

道徳経済合一とは、いわば経営者の理想である経営理念とビジネス（儲け）とを一致させるという主張であり、訴えでもある。

では、渋沢の理念は孔子や孟子の借り物なのか。

たしかに原典は孔子や孟子の教えにある。しかし、渋沢は単なる思いつきで論語を拠り所にしたわけではない。

何となく論語を標榜したのとも違う。

渋沢の事業家としての半生が凝縮し、「論語と算盤」の5文字となったのだ。それは渋沢が同書を執筆したのが76歳であったことからもわかる。渋沢の事業家としての半生にわたる長い経験からしか、「論語と算盤」という言葉は生まれてこない。

論語は渋沢にとってわが物である。

借り物、買い物の理念とは、厚みも深みも違う。だから100年以上を経ても、なお我々の魂に響くのだ。

「男は強くなければ生きられない。優しくなければ生きている資格がない」

レイモンド・チャンドラーの『プレイバック』という小説の中に出てくるこの台詞を、企業経営に置き換えれば、「会社は儲からなければ存続できない。世のため人のために役に立たなければ存続する資格がない」といえるだろう。

「論語と算盤」とは、まさに言い得て妙である。

借り物、買い物の理念は張子の虎

繰り返すが経営理念は企業の魂、ひいては経営者の魂である。己の魂を他人から借りたり買ったりする人はいない。

そう言うと、「そんなことは当たり前ではないか」と思われる人は多いだろう。

しかし、私の長い経験を振り返ると、他人から借りたり、買ったりしてつくられた、おざなりの経営理念は少なくない。

ＣＩ（コーポレート・アイデンティティ）を行なう企業は、いまでもときどき見かける。企業の形、あるいは事業の分野が時代の変遷に伴って変化したとき、社名の変更とともにコーポレートカラー、社のマークなどのビジュアルを改めることがある。

本来ＣＩとは、単なるロゴやマークの変更ではなく、社員の意識や組織の変革を伴うものだが、単なる表面的なイメージ変更に終わることが少なくない。

こうした外見上だけのＣＩを行なうときに、どういうわけだかＰＲ会社や広告代理店のコピーライターが、事業の理念を表わすキャッチコピーをもってくる。

●魂なき経営理念に力なし

コピーライターもＰＲ会社の社員も、会社の創業者ではないし、社員でもない。外部の第三者である。はっきりいえば他人だ。

当事者ではない彼らのスキルは、社会へ効果的にメッセージを発信するコミュニケーション・スキルである。

この後で詳述するように、経営理念には発信も重要である。多くのステークホルダーに浸透し、親しまれることは経営理念にとっても大切なことだ。

こうしたコミュニケーション・スキルは、「理念を伝える能力」ではある。だが、肝心要なのは「伝える中味や内容」である。

人の魂を打つのは人の魂だけだ。経営理念に経営者の魂が入っていなくて、どうしてステークホルダーの魂に訴えかけることができるだろうか。

人の魂を打つことのできない他人まかせの経営理念では、いくら言葉が洗練され、人々の歓心を引こうとも、それは上辺だけのことでしかなく、しょせんは張子の虎に終わる。

だから経営理念を借り物、買い物でつくろうとする経営者は、経営者失格なのである。

●経営者の人間力で創る経営理念

経営理念を創るとき、時代が変われば変えてもよいという構えで創る人もいる。経営理念には、必要に応じて変えるべき細部の枝葉と、どんなに時代が変わろうとも変えてはならない幹の部分がある。

それが魂の部分、経営理念の芯となる部分である。渋沢栄一でいえば、「事業は社会のためでなければならない」という考えだ。

経営理念には、時代が変わろうと変わらない不変の魂が込められている。だから近江商人の「三方よし」は、300年近い長き時間を経てなお変わらない価値をもつのだ。

不変なものをどう見つけ出すか。そのためには、経営の不変の原理原則を根拠にすることだ。原理原則は時代、社会、国、文化にかかわらず永遠に普遍であり、不変である。もう1つ大切なのが、先述した「現象の本質を見抜く力」、リベラルアーツだ。

原理原則とリベラルアーツを備えるということは、経営者の人間力を磨くということでもある。経営理念は経営者の人間力で創られるのだ。

経営理念作成のプロセス

経営理念の策定はトップの仕事である。経営理念と戦略、それにわが社の望ましい人財像の決定は、社員や他人にまかせてはいけないトップの専権事項だ。

権限移譲の重要性については多くの人が語っているが、トップが絶対に権限を委譲してはいけないのが、「理念」「戦略」「人財育成」の3点セットである。

ただし、理念も戦略も人財像も、最も身近で重要なステークホルダーである社員に理解されないのでは意味がない。社員が理解していないと「宝の持ち腐れ」で終わってしまう。誰も聞いてくれない、誰も見てくれないということでは困る。

そこで創る段取り（プロセス）が重要となる（171ページ**図表5-1**参照）。社員が経営理念を「わがもの」と思うには、参加・参画という段取りが必要となるのだ。創り上げるプロセスに参加・参画していることが重要なのである。プロセス不在の経営理念は、往々にして社員の目には「わがもの」「わがこと」ではなく「ひとごと」「よそごと」と映る。

東京湾を横断する橋やトンネルを直接造ったのは建設会社であり、そこで働く現場の人々だ。しかし、そこには役人も設計者も関与しているし、部品の鋼材をつくったメーカーもあるから、メーカーの現場で働く人も関与した当事者の一人だ。

大型プロジェクトでは関与する人が多い。その関与した人々は、例外なく「私のつくった橋だ」と言う。経営理念の大本や根源は経営者が創ったとしても、プロセスに関わった人にとっては、「私が創った」という当事者意識が生まれるものだ。

●幹部を集めよ

私がある企業の経営理念創りをアドバイスしたときは、集まった幹部社員に1時間半ほど経営理念の重要性について話をした。このように、プロセスの第一段階としては、まず幹部社員を集め、なぜ経営理念が必要なのか、改めて説明し納得を得ることが重要である。もちろん規模の大きくない企業であれば全社員がレクチャーを受けてもよいだろう。

多くの、というよりほとんどの社員は、そもそもなぜ経営理念を創る必要があるのかわかっていない。人はわからないことに関しては、興味も感心も、ましてや情熱ももてない。

幹部社員に、経営理念を創る意味と意義をわかってもらうことは、最終的には経営者が決める経営理念であっても、完成した経営理念に対する社員の反応が大きく異なる。

それが「わがもの」と「ひとごと」の差である。

優れた経営理念を創る決め手は、幹部社員の使命感であり、意欲である。彼らの情熱に火を点けない限り、経営理念の品質や実効性は上がらない。

だからこそ時間をかけてでも行なう、導入部分の「参加・参画」が重要なのである。

さらに、幹部にとって経営理念を考えることは、会社の将来とそこで働く自分の人生に真剣に向き合うことである。みんなが本気になって会社と自分の人生を考え、議論をするうちに、話はときに部署をまたぎ、過去にさかのぼることもある。「オレはあのときあんたを刺そうと思った」。お互いの腹の内をさらけ出して語り合ううちには、こんな物騒な発言が飛び出すことも珍しくない。

お互いの心にたまった澱《おり》を吐き出し合い対立を浮き彫りにして、お互いの理解が深まる。

理念創りの話し合いでは、それぞれの想いがぶつかり合い昇華する。論理的な概念ではなく、リアルなアウフヘーベン（止揚）が起こるのだ。

●キーワードの洗い出し

経営理念を創るプロセスには、企業規模にもよるが、通常、何名かの幹部を含む6人か

【図表5-1】経営理念作成のプロセス

① 理念の重要性についての理解（レクチャー）
② 複数の少人数グループによるキーワードの洗い出し
③ 各グループによる理念の立案
④ 各グループによる発表および議論
⑤ 経営者が一本化した理念を策定（叩き台）
⑥ 各グループ全員に対する発表と議論
⑦ 経営者による最終案決定
⑧ 全社員に対する発表（口頭、社内報、自社サイト等）

ら10人程度のグループを複数つくり、参画させる。6人から10人というのは「議論のできる人数」である。多すぎては議論が収斂しないし、少なすぎると発想・発言が限定され幅が狭くなる。

各グループのメンバーが決まったら、グループごとに、どういう言葉が必要か、経営理念のキーワードとなる言葉を参加者全員で洗い出す。キーワードは業種によって異なるものと、業種を越えて共通するものがある。

ヘルスケア企業であれば安全・安心、メーカーであれば技術や精度、金融機関であれば信用、業種にかかわらない夢やチャレンジなどといった社風を表わすキーワードもある。

とにかくこの段階では、何でもよいので自由に、思いつくまま発言してもらうことが肝心だ。少々の的外れ、意味不明なものも含め、ブレーンストーミング的な感覚で出せるだけ多く出す。通常60から70くらいのキーワードが出てくる。

●素案づくり

全員から上がったキーワードを参考にして素案をつくる。これに2か月から3か月の時間をかける。1週間だと拙速に走りやっつけ仕事となる。1年だと緊張感が薄れダラダラモードが生まれる。２か月から３か月というのは、十分な議論をするために長すぎず、短すぎずというほどよい時間である。

素案ができたら、再び全員が集合しグループごとの発表を行なう。

グループごとに発表された経営理念は、発表後にどの点がよくて何が欠けているかを参加者全員で自由に話し合う。相互の議論を通じて、わが社の経営理念に求められるものは何かをとことん追求するのだ。発表、議論の段階は時間がかかる。時間をかけてよいし、かけるべきなのだ。

場合によっては、もう一度各グループに練り直しを求め、再度提出させることもある。議論の中味は、わが社の目指す方向を再認識してもらうプロセスの一環であるから、ある意味で、経営理念創りを行なうことは幹部研修でもある。

●最後は経営者が創る

グループごとの経営理念の素案は、経営者が１つにまとめる。この章の最後に記す「生きた経営理念にする10のチェックポイント」（185ページ以下参照）でいえば、経営者の強いコミットメントを注力するのが、このステップである。

素案をまとめて経営理念として創る。

この作業は経営者が独りでやらなくてはいけない。独裁とは独りで決裁することである。経営理念の最後の決断は独裁である。

本書では、ところどころで経営理念を「創る」と表記しているが、幹部社員が素案を練っている段階は「創る」ではなく単なる「作る」である。経営者が決断するこの段階で、はじめて、経営理念は「作る」から「創る」ことになる。

経営者が決断して、生きた経営理念がはじめてこの世に誕生する。

●フィードバックと経営理念の完成

話をプロセスに戻そう。経営者が、自分の考えかたを含めて一本化した経営理念を各グループのメンバーに向けて発表する。そこで全員からの意見を聞くのである。屋上屋を重ねるように感じるかもしれないが、経営者は神様ではない。独りで決断した経営理念が全員の共感を得られるものとなっているかは、社員に聞いてみなければわからない。

いかに独裁とはいえ、こうした謙虚な姿勢は維持しなくてはいけない原理原則でもある。社員から出てきた意見を踏まえ、再度、経営者が検討を重ねて経営理念は完成する。

改めてまとめておくと、①理念の重要性についての理解（レクチャー）、②複数の少人数グループによるキーワードの洗い出し、③各グループによる理念の立案、④各グループの発表および議論、⑤経営者が一本化した理念を策定、⑥各グループ全員に対する発表と議論、⑦経営者による最終案決定、⑧全社員に対する発表（口頭、社内報、自社サイト等）、が一連のステップとなる。

このステップを踏むためには、３か月から４か月を要する。２００年企業を創るためには踏まなければならない道程である。一晩で築いた城は、一晩で崩壊してしまう。

こうしてできあがった経営理念の１つが、次ページにあるＲＩＺＡＰの理念である。この理念の策定に際しては前述の「経営理念作成のプロセス」で述べた手順をすんなりそのまま実行に移した。結果としてこの事業は数年で急成長を遂げた。他に類のない差別化を伴ったビジネスモデルであるという前提のうえで、それを支える理念があることにより社員の心が１つとなった。

外部環境の向かい風を受けて業績が一時的に低迷することはあっても、この理念に徹する限りＲＩＺＡＰの未来は明るい。

【図表5-2】RIZAPの理念

■RIZAP WAY

グループ理念　「人は変われる。」を証明する

■私たちの約束（コミットメント）

◇お客様の立場に立って考え、仕事の価値を高めることにより健全な利益を上げ、グループの継続的成長を実現します。

◇お客様の期待を上回る感動と驚き（wow!!）を提供するために、限界を決めず、自分の可能性を信じ、最後までやり切ります。

◇お客様の幸せのために、相手に寄り添い、自分がなすべきこと出来ることを考え、優先順位をつけた上で、一つひとつ実行し続けます。

◇お客様により良い商品や優れたサービスをお届けするために、共に働く仲間に“ありがとう”を伝え、協力し合います。

◇お客様の「変われる。」を叶えることで、自分の「変われる。」を実現化していきます。

■私たちの責任――考え方と働き方

〈求められる考え方〉

- 異なった意見・考え方に積極的に耳を傾け、違いから学ぶという多様性を尊重する
- すべてを曖昧にせず、分かり易く言葉にして共有化する
- 常にお客様や共に働く仲間に対する感謝の気持ちを忘れない
- 必要最小限の資源（ヒト・モノ・カネ・時間等）の活用で最大の効果を出すことにより、仕事の生産性を高める
- “これでいいのだ”という自己満足に陥ることなく常に“まだだめだ”という健全な危機意識を持つことにより、自分と周囲の人を高め続ける
- 自分の人生に、“Plan=計画・DO=実行・Check＝評価”の PDC サイクルを回すことにより、仕事の品質と人生の品質を高め続ける
- 「人生今日が初日」という若々しい気持ちを一生持ち続ける

〈求められる働き方〉

- 自分を始めとして、人の心に火を灯し、やる気を高める
- 実行責任に加え、結果責任を自覚し、自責の気持ちで仕事に取り組む
- 正しいプロセス（過程）を経ることにより結果を出すために、常に努力し、全力を傾ける
- あらゆる機会を通じて、学び続けることに情熱を持つ
- 激変、急変、大変の“変化の時代”の中で勝ち残るために、会社及び自分の変革に対して積極的かつ継続的に挑戦して“凄い未来”を創ろう
- 会社の成長と自分の成長を対立や無関係ではなく、両立させる生き方と働き方をしている
- 何よりもFUN（楽しみ）で仕事をする。良い仕事をする人は楽しむ人である

経営理念の5つのタイプ

経営理念を創る方法として、私は社員参加型を勧めている。

社員参加型の経営理念は、時間と手間がかかるという点で、スピードを尊ぶ経営者としては歓迎しづらいかもしれない。

しかし、時間と手間をかけるだけの効果はある。

創り上げるプロセスで、社員に理念の意味と意義が浸透するし、彼らにとって経営理念が「わがもの」となる。

参加・参画不在の経営理念は、社員をはじめとしたステークホルダーに響かない。それどころか読んでも見てももらえないという最悪の事態を招くことになる。

経営理念には、どんなに経営者が魂を込めて創ったものであっても、形となって現われてみると機能しないものがある。

理念や理想自体は崇高なのに、表現のしかたで残念なことになっている経営理念のことである。

●単なる「かけ声」にしか見えない理念

経営理念で大事なことは、そこに企業と経営者の魂がこもっていることだが、それが外に向かって伝わる形でなければ、せっかくの努力も水の泡となる。コミュニケーションとは「伝わってナンボ」なのだ。

正しいコミュニケーション（Communication）はコネクション（Connection）を生む。コネクションとはつながり、絆のことである。相手の心と自分の心を結ぶことにより共鳴や共振が生まれる。

経営理念を創るときには、それが相手（ステークホルダー）にどう伝わるかを考えるべきである。参考までに、経営理念の型（タイプ）を示そう。それぞれのタイプで伝わりかたは異なってくる。あらかじめ伝わりかたがわかっていれば、どういうタイプがわが社にふさわしいか、経営理念を創るうえでも、一段上の概念を目指すことに役立つはずである。

かけ声型

このタイプの経営理念は、概して創業期に経営者が独りで考えたものが多い。

「努力」「誠実」「和」「チャレンジ」といった抽象的できれいな言葉が、だいたい短く並んでいる。そのときの経営者の想いではあるものの、その後、まったく見直しや点検をしていないので、単なるかけ声のようなものになっている。

こうしたスローガンタイプの経営理念からは、具体的なビジョンやミッションが見えてこない。したがってどういう行動を取ればよいかサッパリわからない。

言っていることは悪くないのだが、かけ声だけで終わっている。「かけ声型」の経営理念である。

てんこ盛り型

大事なことは、すべて経営理念に盛り込みたい。それが経営者の想いや理想であるなら、なおさらそう考えるはずだ。

ところが情報は量が増えるにしたがい、それぞれの情報への受け手の認識は薄くなる。

人が一度に覚えられることは、せいぜい３つ、かなり記憶力のよい人でも７つ程度といわれる。聖徳太子のように10人を相手にしても、遺漏なく適切に応答できる人はめったにいない。

経営理念は相手に伝わり響いてナンボである。どんなによいことを言っていても、情報過多が原因で読まれないということでは、もったいないでは済まされない。「過ぎたるはなお及ばざるが如し」だ。

ビジョン、ミッション、バリュー（行動指針）など、さまざまな要素が漏れなく入った経営理念のタイプがこの「てんこ盛り型」である。つまり、情報過多のタイプである。

どれも大事なことであるがゆえに、それぞれが並列に見える。

そのため肝心な点はどれかが見えにくく、全体としてメッセージが散漫になってしまう。

実はJ＆Jのクレド「我が信条」はこのタイプに属する。

そのため「我が信条」では、あえて4つの要素に順位をつけ、理念の意図を明確にしているのだ。

●階層は2階建て型までがベスト

多層マンション型

読む人を混乱させるタイプが、「多層マンション型」の経営理念である。

社是・社訓、ミッション、ビジョン、ゴール、バリューと、一階部分から段階を追って上位の階層へ進んではいるものの、多層構造が過ぎて読む人に混乱を与えてしまう。

2階建て型

私は、経営理念の形は以下に紹介する「2階建て型」が、最も読みやすく、わかりやすいと考え、推奨している。

2階建て型とは、経営理念と行動指針の2階建てのことである。なぜこれをやるのか、そのために具体的にどういう行動をするのかという2つの階層で構成される。

2階はミッション、ビジョンから成る「理念」である。具体的にどう実現するかを示す「行動指針（バリュー）」が1階部分となる。

なぜ2つの階層に込めるのか。

最大の理由は「わかりやすい」ということだ。

理念は一度創ると一人歩きをする。経営理念創りに参画した社員は、どんなに理念が多層構造でも、てんこ盛りでも「わがもの」であるから、あまり大きな混乱はないものの、その他の社員、外部のステークホルダーにとって、わかりにくい経営理念はよい理念とはいえない。

前掲のRIZAPの理念は2階建てモデルの好例である。2階の「私たちの約束」はミッションやビジョンに相当する。1階の「私たちの責任」は行動指針・行動規範、つまりバリューということだ。

【図表5-3】トルクの経営理念（抜粋）

私たちの信条

- 私たちは、世界のものづくりとそれを取り巻く企業に貢献することで、豊かで安心できる社会をつくります。
- 私たちは、常に顧客の視点から発想し、速いスピードで行動し、顧客の期待を超えるサービスを提供します。
- 私たちは、業界のリーダーを目指し、リーダーとしてふさわしい仕事をし、顧客を含む全ての取引先に長期にわたって利益をもたらし、信頼されるパートナーになります。
- 私たちは、社員とその家族が満足でき、やりがいと誇りを持って働ける職場をつくります。
- 私たちは、社会を含む全てのステークホルダーに対して責任を果たすために、継続的に健全な利益を生み出します。

私たちの価値観

フロンティアスピリット

志高く、失敗を恐れずにチャレンジし、新しい道を切り拓きます。

成長

社員の成長を通して会社が成長することを目指します。会社は社員が成長できる機会を提供し、社員は自責の念を持って熱心に成長し続けます。

2階建ての好例として私が社外取締役を務めているトルク株式会社の例を紹介する（**図表5-3**参照）。

創業（大正15年）以来10０年近い歴史をもつ、工作機械から大型建築物など幅広い業界にねじを供給している東証一部上場の老舗企業である。

同社の理念は一目瞭然で、1階は「私たちの価値観」でバリューである。2階は「私たちの信条」、これがミッションやビジョンに相当する。単純明快、非常にユーザーフレンドリーでわかりやすい。

【図表5-4】T-GAIAの経営理念

TGビジョン　〜わたしたちの目指す姿〜

- 新たなコミュニケーションの提案を通じ、お客様に感動・喜び・安心を提供します。

TGミッション　〜わたしたちの使命〜

- 社員とその家族を大切にし､働く喜びを実感できる企業であり続けます。
- ビジネスパートナー・地域社会・株主と強い信頼関係を築き、ともに発展し続けます。
- リーディングカンパニーとして、変化を先取りし、新たなビジネスに挑戦し続けます。

TGアクション　〜わたしたちの行動指針〜

- 「ありがとう」を超えるサービスを追求します。
- 情熱とスピード感を持ち、積極果敢に挑戦します。
- コミュニケーションを大切にし、風通しの良い職場をつくります。
- 多様性を尊重し、最高のチームワークを実現します。
- プロフェッショナルとして日々の自己研鑽に努めます。
- いかなるときも高い倫理観に基づき誠実に行動し、コンプライアンスを徹底します。

２階建てに、もう１つ階を加えた３階建て型のモデルが、私も理念創りを手伝った株式会社Ｔ－ＧＡＩＡ（ティー・ガイア）の企業理念だ（**図表５-４**参照）。同社は住友商事を主要株主とし、携帯電話等の販売や代理店業務を全国展開している、東証一部上場の優良会社である。

平屋型

では、もっとシンプルに１階だけの平屋構造はどうか。

平屋でわかるのであれば、それは理想的である。しかし、普通の文章よりも五七五の俳句が難しいように、短い平屋型でメッセージを伝えるのは、かなり高度な技術を要することになる。

平屋でシンプルにメッセージを伝えるという高等技術があれば、大変結構なことではあるが、経営理念をそこまで文学的な創造力スキルによって創る必要はない。

したがって実務的には、平屋より2階建てを勧めたい。

ミッション、ビジョン、バリューのいずれか1つだけで形にされた「平屋型」の場合、経営理念はシンプルでわかりやすいのはよいが、具体的な行動指針について触れていないなど、読む側が迷いと不満を覚えるものとなってしまう。

わが社の経営理念は何型か。

できれば「2階建て型」、高くとも「3階建て型」であってほしい。

10のチェックポイントで経営理念を点検せよ

本章の最後に、創った経営理念を正しく機能させるチェックポイントを挙げる。創った経営理念の機能を上げるためにも、この10のチェックポイントで点検してみてほしい。すでに触れたことも多いが、ここではまとめの意味もあるので、あえて繰り返しを恐れず再掲する。

本項の最後には、この10のチェックポイントに基づく評価表、「生きた経営理念の10条件　評価表」を掲載している（197ページ参照）。ぜひ一度、自社の経営理念を評価していただきたい。

10のチェックポイントの中身について、以下、述べていく（説明の都合上、評価表の1～10とは直接リンクしていない）。

1　常に「見える化度」を高めること

経営理念は全社員が見えるようにすること。みんなの目に触れる場所に貼り出してもよいし、日常的に携帯させてもよい。

社長室に額に入れて飾っているだけでは何の意味もない。私の見るところでは、ほとんどの日本の大企業で経営理念は形骸化している。わかっているのは社長ただ一人という状況である。

経営理念は会議やミーティングなどで、常に確認し合うようにして、しつこいくらいに徹底しなければいけない。

「見える化度」（Visibility）が高くなければ、経営理念は正しく浸透していかないと考えるべきだ。「見えないものは心から消え去る」（Out of sight, out of mind）のである。

2　ユーザーフレンドリーであること

私は企業を訪問した際、必ず経営理念についてうかがう。すると「これがわが社の経営理念です」と10枚、20枚にわたり、細々とした点について膨大な量で連綿とつづられたものを示されることがある。

そんなボリュームでは人は覚えられないし、そもそも誰も読もうという気にならない。とてもユーザーフレンドリー（User Friendly）とはいえない。

経営理念は1枚の紙に収まるくらいの簡潔さとわかりやすさが必要である。「長すぎず短すぎず」が求められる条件の１つである。

読みにくくわかりにくい経営理念では、内容がどんなに立派であっても形骸化した、死んだ経営理念といわざるを得ない。

「伝わってナンボ、使ってナンボ」が経営理念である。

ユーザーフレンドリーな経営理念は、人の魂に届きやすい。だから人を鼓舞（Inspire）することができる。

３　作成の過程に幹部社員を参加・参画させる

「これから経営理念を創りたい。現状の経営理念は機能していないので、これを機に創り直したい」。そう考えて「生きた経営理念」を創ろうと考えている経営者がいるのならば、本章ですでに述べたとおり、ぜひ社員と一緒になって創ってほしい。

あまり人数が多いと議論が収斂しにくくなるため、社員全員とまではいかなくても、せめて主要管理職とは腹を割った本音の議論を交わしてほしい。

わが社の理念は本当にこれでいいのか、本気で語り合うプロセスを経ることで経営理念に魂が入る。

4　社内外のステークホルダーに周知徹底する

経営理念は内側の求心力であるとともに、外に向かって発信するものでもある。とにかく社長は、社員から「また経営理念ですか！」と思われるくらいに、何かにつけて経営理念が社員に浸透するよう努めなければならない。

社員は外部のお客様、取引先、地域社会など、いわゆるステークホルダーと直接顔を合わせ、やりとりする。社員一人ひとりがわが社の代表である。

その社員に経営理念が浸透し、経営理念に基づいた行動をしていれば、時間の経過とともに外部のステークホルダーにもそれが社風のよさとして伝わる。

社風のよさはわかっても、外部のステークホルダーには、経営理念の本当の意味まではわからない。そこで社員には無論のこと、折に触れて経営理念を外部のステークホルダーにも発信し続けることが大事だ。社員にとっても、取引先から「この会社はこんな立派な理念の下に経営しているのか」「社風のよい会社なのだな」と理解されれば、それが社員にも伝わって「自分の働いている会社は、取引先から尊敬される会社だ」と社員自身の誇りともなる。

社員一人ひとりが理念を大事にして前進を続ければ、取引先のみならず、社会も感心し感動する。そこには信頼感や尊敬が生まれる。結果として外部のステークホルダーとの間に、好ましいパートナーシップが生まれる。

●困ったときの経営理念

5　仕事上の道具として使う

何か問題が出たときには、その問題を解決するために導き出した答えが経営理念に反していないか、本当にお客様第一で考えられたものなのか、会社を優先していないだろうか、と経営理念に照らし合わせながら評価・吟味することが肝心である。

私はJ&J日本法人の社長時代、あらゆる会議の場に、常に「我が信条」の書かれた紙を持参していた。経営理念は仕事の道具（Working Tool）として十分に活用されていなければいけない。何度もいうが「経営理念は使ってナンボ」なのである。

そして、わが社の魂ともいえる経営理念に沿って導き出された答えならば、社員全員が納得することができる。経営上、業務上の判断と決断のための基軸が経営理念である。

●経営理念が社員の心から疲れを取る

6　経営戦略の根源に位置づけること

企業の研修会などで講演すると、管理職からよく出てくる言葉がある。
それは「疲労感」「疲弊感」「閉塞感」の「3感」だ。たしかに昔も聞いた言葉ではある。しかし、いまほどではなかった。最近は必ずといってよいほど管理者の口から、この「3感」が出てくる。

おそらく多くの管理職は経営者に「売上目標を達成しろ」「もっと稼げ、とにかく稼げ」と朝から晩まで尻を叩かれているのだろう。

長期は短期の積み重ねだから、もちろん短期的な目標の達成は重要である。しかし目先の目標だけでは、人はどこまでも頑張れはしない。時間の経過とともに必ず心理的制度疲労を起こす。心の病である。

人はさまざまな心配の種や懸念材料があったとしても、将来に対する希望を見出せれば何とか困難を乗り越えていけるものだ。

ゆえに方向性を示すことが経営者の第一の責務である。

業績の伸び悩む会社の経営者の中には、短期の目標のみを掲げて騒いでいるだけの人もいるが、それでは経営者でもリーダーでもない。経営者とは、短期と長期の方向性を説得性と納得性高く語れる人である。

経営者が指し示す方向の基軸となるのが経営理念なのだ。

●変えるべきことと変えてはいけないこと

後述するテーマではあるが、経営理念は常に点検し、必要に応じて見直すことが必要である。

いかなる経営理念といえども、時代や社会が変われば変わらざるを得ない。唯一不変なこととは変わり続けることである。

したがって経営理念も定期的に点検しなければ、老朽化し使い物にならなくなる恐れがある。経営理念にもＰＤＣが必要なのだ。

ただし、である。

経営理念には、時代が変わっても変えてはいけない部分が必ずある。

経営理念の核心、あるいは魂というべき中心の中の中心部分、芯となる部分は決して変えてはならない。

芯の部分、魂の部分、核となる部分を変えるということは、その経営理念を廃棄するに等しい。変えるべきは魂の部分ではなく、その周辺部分である。

7 定期的に実践評価を行なうこと

J&Jでは、世界中の全社員を対象としたクレド調査（Credo Survey）が行なわれている。

「我が信条」（Our Credo）が仕事の道具（Working Tool）として活用されているか、社長をはじめ社員が「我が信条」を実践しているかどうかを調査するのだ。

その調査で十分に活用されていないと判断されたときには、どう改善していくのかというアクションプランの提出が求められる。

経営理念が機能しているかどうかは常にチェックしなければならない。「徹底的に継続的にやる」べきことだ。

●変えるべきところは躊躇《ちゅうちょ》なく変えること

8　必要に応じて改訂を加える

昨今の世界情勢や経営環境の激変ぶりを見ればわかるが、一企業の理念が未来永劫に変わらないでいられるほど世の中は甘くない。

先述したとおり、J&Jのクレド「我が信条」でさえ、必要に応じて一部改訂が行なわれている。

経営理念は、数年ごとに、少なくとも5年に一度は見直し、必要なら変えるべきだ。ただ変えるということではない。必要性を認めたならば変えるということだ。

換言すれば必要がないのなら、変えてはいけない。改善が必要だと判断されたときのみ、躊躇《ちゅうちょ》せずに改訂するべきなのである。

●世界に通用することは経営理念の条件

9　グローバル化への高い適応性を備えること

これもすでに述べたことである。

いうまでもなく、経済や経営のグローバル化は確実に進んでいる。現状のステークホルダーが国内のみであっても、今後、海外に進出することを余儀なくされる可能性はあるし、海外からお客様がやってくる。これは、すでに日本中で起きていることだ。

グローバル化の波が押し寄せる中では、経営理念もグローバルに通用するものでなくてはならない。

日本では通用するけれども、インドやフランス、エジプトやブラジルでは通用しないというものでは、グローバルに通用する生きた経営理念とはいえない。

これは優れた経営の原理原則が、国や文化、業種・業態に関係なく、普遍性高く通用するということと同じである。

●衆議の後には独裁せよ

10　トップの強いコミットメントがあること

経営理念は、何といってもトップの強いコミットメントがあることが最大の肝だ。

経営者は自分自身の志や燃える想い、「わが社の想いはこれだ、あるべき姿はこうだ」を具体的に示さなければならない。

経営理念は最後の最後には経営者が独りで決める。

幹部社員と相談をしたり、意見を求めることはあっても、決定は経営者独りで決めなければならない。

経営者が独りで判断して決断することを「独裁」という。

民主主義と独裁主義は相反する。そのため我々は独裁という言葉に嫌悪感を抱く。

しかし、あえて言う。

そもそも企業経営は民主主義であってはならない。多数決で経営するなら、経営者がいる必要はない。計算機があればよい。

正しい企業経営は独裁なのである。ただし、ちょっと油断すると往々にして「独裁」は

「独断」に流れる。独断は誤解や錯覚に陥りがちである。

独裁が独断に流れる危険性を防止するためには、管理職をはじめ社員との「衆議」が不可欠だ。社員と議論を尽くさなければいけない。

衆議は尽くすが、最終的な決断は経営者が行なう。経営理念を創るプロセスそのものだ。企業経営に必要なのは、「民主主義（Democracy）」ではなく、「衆議独裁主義（Democratic Autocracy）」である。

●生きた経営理念の評価表で採点する

次ページに「生きた経営理念の10条件　評価表」を掲げた。この10条件を一度あなたの会社の企業理念に照らし合わせて採点してみてはいかがだろうか。1つを10点とすれば全部で100点になる。目指すところは、せめて80点以上をねらいたい。

私がアドバイザーを務めるいくつかの企業では、自社の経営理念を社長と社員で採点してもらうことがある。

社長は社長、部長は部長とそれぞれが採点したうえで、結果を全員で発表して議論をする。それが衆議の場になる。

【図表5-5】生きた経営理念の10条件 評価表

氏名：

生きた経営理念の10条件　評価表

Ⅰ．作成の手順・プロセス

		評価（10点満点）
1	作成の過程に社員の参加・参画があり、十分に議論が行なわれている	

Ⅱ．内　容

		評価（10点満点）
2	紙に書いてあり、“見える化度”（Visibility）が高い。	
3	表現、内容、長さがユーザーフレンドリー（User Friendly）であり、人を鼓舞（Inspire）する。	
4	自社のアイデンティティを示す個性と差別化がある。	
5	顧客志向に立っている。	

Ⅲ．浸透・活用

		評価（10点満点）
6	ステークホルダー、特にインサイド・ステークホルダーに十分コミュニケートされ理解と納得が得られている。	
7	経営判断・決断や業務の場で“道具”（Working Tool）として、使われている。	
8	１年に１回社員アセスメントが行なわれている。	
9	５年に１回見直し、必要であれば改訂を加えている。	
10	トップの強いコミットメントが具体的な形で示されている。	

合計

80点以上Good　60点以下Poor

ここに挙げた条件に合格し、経営理念を仕事の道具（Working Tool）として正しく機能させれば、時間の経過とともに経営理念のもたらすメリットが必ず効果を発揮する。要するに、正しいことを正しくやれば、正しい結果が出るということである。

肝心要なことは、「徹底して、継続的に」である。

一時的なものであっては、経営理念がもつメリットを実現することはできない。絶対という言葉はあまり使ってはいけないのだが、絶対にできない。

第6章
生きた経営理念の使いかた

今日の自分は昨日までの自分の結果である
将来の自分は今日からの自分の結果である

創った理念は使ってこそ

理解度とは行動の質と量に表われるものだ。

経営理念の理解度とは全社員の行動に表われる。行動に表われるとは、理念を道具として日常業務に使っているということだ。いささか口が酸っぱくなる気がするが、経営理念は使ってナンボである。

とはいえ改めて経営理念を創るとなると、それはそれで大変な知力、体力を要する。その結晶でもある経営理念をながめていると、そこには努力と苦労の匂いがする。

額縁に入って、社長室の壁の高いところに掲げられた経営理念を見ると、社長の気持ちは伝わってくる。

しかし、壁に掲げただけでは何の役にも立たない。単なるかけ声である。

1つの理念を創り上げるのは、たしかに大変な作業だ。だが、創ることそれ自体はプロセスであり手段にすぎない。

たとえば、1つの製品を開発から完成まで仕上げるには、必ずそれ相応の苦労がある。

時間もかかる。

開発から完成まで一気呵成に一直線という製品はあり得ない。途中に山もあり、谷もある。試行錯誤を繰り返しながら、ときには数多くの挫折も味わい、完成まで漕ぎつけるものだ。だからこそ、完成したときの喜びがひとしおなのである。

●使われない製品は存在しないのと同じ

しかし、製品はつくって終わりではない。使ってもらわないことには製品を開発した意味がない。

ソニーが創業から間もない頃に、日本ではじめてのテープレコーダーをつくった。まだ社名を東京通信工業としていた時代である。

日本初のオープンリール型のテープレコーダーは、創業者・井深大氏の悲願だった。それまでトースターや電気釜をつくっていた東通工（東京通信工業）がはじめてつくった本格的な音響機器製品である。

日本初のテープレコーダーは、日本の産業史の中でも画期的な製品だ。

だが井深大氏は、テープレコーダーの完成だけでは喜ばなかった。製品は使われなければば意味がない。

販路を徹底的に追求した。当時の放送局はまだ数が少ない。一般に売るには価格が高い。

そこで井深氏は学校に販路を求めた。

学校なら視聴覚教育用にテープレコーダーを使う。そして学校の数は放送局よりも圧倒的に多い。

●技術も理念も使われるためにある

かつてソニーの役員を務める人から、「ソニーは技術の会社と思われているが、実はマーケティングがソニーの強みだったのです」と聞いたことがある。

その役員は、井深氏のつくった日本で最初のテープレコーダーに感銘を受け、まだ中小企業だった東通工に入社した人だ。

ソニーはその後も独自の製品を開発し続けてきたが、次第に技術にのみ社内での価値が偏りはじめたように見える。

製品も技術も使われてナンボ、つくっただけでは記録に残るだけで記憶には残らない。

70数年の歳月を経て井深氏のＤＮＡは薄らいだのだろうか。

技術には2つある。使われる技術と使われない技術だ。

使われない技術にも優れたものは多い。現在、航空機の材料や自動車の材料にも使われる炭素繊維は、源流を遡るとエジソンの発明した電燈に行き着く。

炭素繊維は、今日でこそ脚光を浴びているが、20年ほど前には釣り竿、ゴルフクラブにしか使われていなかった。

技術には用途開発が必要なのである。技術がどんなに優れていても、実際に使われなければ冬眠状態が続いてしまう。

一方、経営理念も同じことで、使われるために創られる。

有言実行（Say it and live it）がなければ、宝の持ち腐れに等しい。

本来、使うために創られた経営理念が、できたとたんに「記念品」と化しては、何のために創ったのかわからない。「仏作って魂入れず」である。

カネや時間や技術と同じことで、経営理念も、また使ってこそはじめて本当の意味をもつのだ。

理念を習慣化せよ

経営理念とは壁に掲げるものではないし、ときどき取り出してながめるものでもない。大事件が発生したときだけの判断のよすがでもない。

すべての経営判断や日常業務に、仕事の道具（Working Tool）として使うものである。あまり意識せずに毎日毎日、日常的にやっていることを習慣という。経営理念は特別の機会に、例外的に使うものではなく、職場の習慣となっていることが理想だ。

理念を習慣化させることにより、企業は持続可能性（サステナビリティ）の高い長寿企業に変身することができる。

経営理念と人の行動が一体化している状態が、究極の理念である。

こういう状態になると、社員は特に理念を意識せずとも、自ら理念に基づいた行動をとるようになる。

経営理念が習慣化すると、職場に吹く風が変わる。

職場に吹く風が変わると、会社の風土が変わる。

会社の風土が変わると、社風が変わる。

社風が変わると、企業文化が変わる。

企業文化が変わると、会社の社格も変わる。

社格が変わると、社運も変わる。

社運が変わると、業績も変わる。

経営理念とは企業の原点と心である。それは経営者の哲学であり、想いであり、志でもある。

理念は社員に対しても、大きな影響を及ぼす。

経営者の心や志が社員に伝われば、社員の心も経営者の心や志に強い影響を受けて、意識がすこしずつ変わりはじめる。

意識が変われば態度が変わる。

態度が変われば習慣が変わる。

習慣が変われば人格が変わる。

人格が変われば人生が変わる。

社員の幸せの原点は意識であり、意識の中核となるのが理念なのだ。

理念はよき企業文化を醸成する

「文化とは習慣の和」（Culture is the sum of habits）という。したがって企業文化とは、全社員の習慣の総和ということになる。

よき習慣とは、具体的にいえば、ＣＳ（Customer Satisfaction）、いわゆる顧客満足を中心にものを考える、社員を道具ではなく、貴重な経営資源、財産として考える、長期的な視点でものを考える、仲間のために協力を惜しまずチームワークを重視する、といったことだ。

下は上を見て動く。よい習慣を醸成して定着させるためには、経営者自身がよい習慣の実践者であることが大事だ。「まず隗《かい》より始めよ」である。

だが、経営者一人がそう考えているだけでは、社員全員の習慣とはならない。理念は行動指針に落とし込んだうえで継続的に徹底的に実行しなければ、「理念倒れ」に終わってしまう。よき行動が常態化してよき習慣が生まれる。

常態化を促進するには、たとえば人事制度では一人ひとりの社員の理念に対する姿勢や行動を評価項目に含めることが効果的である。

評価全体の中で、理念に対する姿勢や行動や評価が、たとえば20％の比重を占めていると、「わが社のトップの理念に対する思い入れは本物だ」という気持ちが、社員の中に生まれてくる。

経営理念に基づいた行動が常態化すると、それが習慣として根づく。習慣化すると、やがて企業文化となるのだ。

●企業文化の効果

企業文化は長中期的に見ると業績に大きな影響を与える。裏返していうと、業績の原点は文化であり、文化の生みの親が経営理念だ。

よい企業文化をもつ会社ともたない会社では、業績に４倍の差がつくという統計がある。前出・コッター教授とハーバード・ビジネススクールによる調査である。具体的な数字を挙げてみよう。

企業の売上高と企業文化には、おおむね次のような相関関係があった。

売上規模が年商30億円以上の企業の場合、そのうち75％の企業に企業文化があった。売上規模が10億円以上30億円未満の企業では57％。10億円未満の企業では、企業文化をもったところは全体の47％にとどまったという。

よい企業文化があったから年商が伸びたのか、年商の大きい企業にはよい企業文化があるのかは、鶏が先か卵が先かの類で、どちらともいえないが、相関関係があることは明らかである。

よい企業文化を形成することは、よい意識と組織やチームワークを構築することであり、よい意識と組織やチームワークを構築することは、よい社員を育てることにほかならない。

よい社員は必然的によい業績をもたらす。そこには望ましいフローが生じる。

●企業文化は自前しかない

よい企業文化には共通点がある。「顧客志向」「社員重視」「社会貢献」などが代表的な例である。

人の顔は、目は2つ、鼻は1つで、口は1つ、数は同じだが、全体としての造作が異なる。美人もいればそうでない人もいる。

優れた企業文化はそれぞれに個性がある。コピー不可能だ。

人はそれぞれ顔が違うように、考えかたも、行動のしかたも、言動も異なる。似たようなタイプはいても、同じ人間は一人としていない。

企業も同様である。

アメリカを発祥とする優良企業には、J&Jに近い経営理念をもった企業がいくつかある。彼らの話を聞くと、考えかたの近さから共鳴する点は多々あるが、とどのつまり彼らは我々ではなく、また我々も彼らではない。

彼我の間には、いかにその距離が近かろうとも決定的な溝があるのだ。

企業文化にはオリジナルしかない。

借り物、イミテーションは物まね（Me-too）である。いわばフェイク（贋物）だ。

したがって、企業文化は脳みそから汗が出るくらい知恵を絞って、自ら醸成するしか方法がない。醸成する方法が正しければよき企業文化が生まれるし、間違っていれば悪しき文化となる。

しかも企業文化とは職場の習慣の総和であるから、少しでも手を抜けば、悪貨が良貨を駆逐するように、たちまち悪しき文化がはびこる。

理念の活用がブランドを救ったタイレノール事件

J&Jの「我が信条」（Our Credo）は日常的な仕事の道具（Working Tool）として使われている。

その最も顕著で、最も大きな効果を挙げた実例である「タイレノール事件」を紹介しよう。リスクマネジメントの教科書にも必ずと言っていいほど載っているので、ご承知の人も多いかと思う。

タイレノール事件のあらましはこうだ。

１９８２年、アメリカ・シカゴ近郊でシアン化合物によって死亡した人が続出した。死亡者は７人。調査の結果、死亡者は直前にタイレノールを服用していたことが判明、証拠品を押収したシカゴ警察は何者かがタイレノールに毒物を混入した事件と判断した。

その後、全米に模倣犯が現われ、事件はＦＢＩの管轄となった。

タイレノールとは、アメリカで最もポピュラーな鎮痛解熱薬で、ほとんどの家庭に常備されているファミリードラッグである。

身近な薬品であることから、国民のショックは大きかった。

タイレノールの製造元はＪ＆Ｊの子会社マクニール・コンシューマー・ヘルスケアであるが、ほとんどの国民がタイレノールはＪ＆Ｊの薬と思っていた。

●「クレドに書いてある」

Ｊ＆Ｊ本社には、犯人を名乗る人物から古い紙幣で１００万ドルを用意しろという強迫が来ていた。

このときは、タイレノール服用が本当に死亡原因か、まだ最終的結論は出ていない。しかし、当時のＣＥＯジェームズ・バーク氏は、即刻タイレノールの全品回収、全米の市民にタイレノールの服用を止めるよう告知することを決断した。

ＦＢＩは全米への告知に消極的だった。告知の結果、模倣犯の拡大など、どんな影響が起こるかわからなかったためである。

本社の役員からも異論があった。

全品回収だけでも1億ドル以上の経費がかかる。しかも全米に服用禁止の広告を打つとなれば、さらに経費は増えて膨大なものとなる。

だが、このときバーク氏は普段と変わらぬ落ち着いた態度でこう言った。

「クレドに書いてある」

全米の市民に注意を呼びかけるため、バーク氏はJ&Jのトップとしてテレビをはじめとするマスコミにも出演し、タイレノールの全品回収への協力を訴えた。

●脅威的なブランド回復力

タイレノールの全品回収は急を要する。そのためJ&Jは社員を総動員するだけではなく、OBにも協力を要請した。この要請にJ&JのOBは誇りをもって応じた。徹底的に取り組んだのである。

同時にJ&Jは、店頭でタイレノールに異物を混入できないよう、パッケージの改良を急いだ。具体的には以下の3点に取り組んだ。

1 紙製のパッケージは三重構造とし、折り蓋はすべて糊付けとした。

2 タイレノールの入ったボトルのキャップはプラスチックバンドで密封した。

3 ボトルの口は内部のファイルで密封、外部から異物を混入できないようにするとともに、異物が混入されれば、すぐにわかるよう改良した。

全世界の流通からの全品回収によって、タイレノールの売上は一夜にしてゼロになったが、ほぼ回復するには1年とかからなかった。

失ったシェアの完全回復は2年で成し遂げた。タイレノール事件に対する対応でJ&Jは全米の市民から評価され、タイレノールは再び各家庭の常備薬として見事に復活を果たすことができた。

「クレドの一番目には顧客への責任とある。我々はこの責任を果たしたのだ」。ジェームズ・バーク氏の言葉である。危機に直面したとき貴重な〝Working Tool〟となるのは、本当に魂のこもっている経営理念と、それを「使う」経営者の意思である。

タイレノール事件そのものはJ&Jの責任ではない。しかし、J&Jにはお客様に対する責任がある。クレドの第一にそう書いてある。

だから、どれほど経費がかかろうとも、バーク氏は徹底的にその責任を果たすよう指示したのである。誰の責任かを問うより、お客様への責任を果たすことが第一、それを徹底したのだ。それが経営理念の正しい使いかたである。

つまり経営理念を創るときには、いかなる危機に見舞われようとも、信じて実行できる理念を創らなければならないということだ。

1982年のタイレノール事件はこうした経緯で落ち着いた。

●証明された理念の力

これほど具体的に理念の力を証明した出来事はそう多くない。

Ｊ＆Ｊのタイレノール事件への対応は、全世界のステークホルダーから称賛を浴びた。今日でもリスクマネジメントの最も成功した実例の１つとして、世界のビジネススクールのケーススタディとして取り上げられている。

この事件でＪ＆Ｊは一時的に１億数千万ドルの利益を失った。

しかし、顧客と社会から得た信用と信頼は大きくなった。信用と信頼という無形の財産は、いまに至るも効果的に機能している。だからこそＪ＆Ｊは、長期にわたって継続的に増収増益となっているのだ。

それが理念の力である。

そして、理念の力を微塵も疑わず信じ切って実行に移したジェームズ・バークＣＥＯの力でもある。

私の理念活用法

経営理念をどう使えばよいか。参考までに、私自身が経営理念をどう使ってきたかを紹介しよう。

すでに述べたとおり、J&J日本法人の社長時代、私はクレド「我が信条」を記した紙を常に携帯し、会議やミーティングでの発言、業務上で何か判断を要するときの基軸としてきた。

あるとき上級幹部を集めた会議の席上で、かなり優秀と見込んでいた部長が新規事業の提案をしてきた。私はそのとき社長として、その事業はクレドに合致しているものかと部長に問うた。ヘルスケアカンパニーとして果たすべきミッションとは、かけ離れた事業提案だったからだ。

部長は新規事業の有望さに目を奪われ、クレドとの整合性を意識していなかった。そこで私は部長にプランの再検討を命じた。

新規事業にせよ、組織改革にせよ、それが経営理念に合致していれば了承、合致していなければ差し置くというのが基本である。

そう言うと、成長性や収益性という観点は判断材料に含まないのかという疑問をもたれるかもしれない。もっともな疑問である。

●ワーキングツールとしての使いかた

しかし、J&Jの「我が信条」には「健全な利益を生む」という一文がある。経営理念に合致するというのは、事業そのものがクレドに合致したもので、そのうえで事業としての収益性、成長性、有望性、社会性を備えることにほかならないのである。

このようにJ&Jの「我が信条」は使い勝手のよい道具だった。

私がどんな場面で、どのように経営理念を使っていたか、具体的に挙げていくと次のようになる。

1　日々の仕事上の判断、決断の場で〝Working Tool〟として

会議の場で判断の基準としただけでなく、職場環境、社員とのコミュニケーション、あいさつ1つとっても「我が信条」に反することはしない。

それが基本動作であった。

J&Jは新たにオフィスを設けるときにも「我が信条」をもち出す。社員の安全を確保するために、J&Jは高層階にはオフィスを設けない。3階以上にオフィスを置く場合は、スプリンクラー設備のあることを条件としている。

「神は細部に宿る」という。ほんの些細なことでも疎かにすれば、そこから理念の力は漏れ出して、結局力を失ってしまう。

2　ミーティング、朝礼で共有

現場のミーティングや朝礼では、経営理念にまつわる話をさせていた。それぞれの社員が経営理念をどう使ったか、それがどういう効果を生んだか、3分以内で、口頭で報告させるのが朝礼の定番である。

社員にレポートさせることで、レポートする社員は否が応でも経営理念を意識して行動するようになる。また一人の社員の報告は、他の社員の刺激と啓発となる。

それだけではない。社長である私にとっても、ときに目からウロコという場合がある。

社員の理念活用のレポートは、社長の訓示以上の効果を生むこともあるのだ。

3　理念を継承

J&J時代、私自身、社員に理念について話す機会をつくった。

経営理念にはどういうメリットがあるのか、日常の仕事でどう使うべきかなど実用的な話。また、わが社の経営理念の肝は何か、我々は何を目指しているのか、いまどこでこれからどこへ行くのか、どういう行動が経営理念を反映した動きなのか、という経営理念の理解を深める話を私は直接社員にしていた。

社長が熱く語りかけることで、経営理念はその言葉以上の意味を社員に伝える。紙に書かれた言葉では伝えきれない想いも、直接語りかけることで相手に伝わることがある。

4　見える化

経営理念がトップの頭の中だけにあったのでは効果は小さい。トップの頭の中から出して、みんなが見える形にすることが肝心である。

私は「我が信条」を印刷して全社員に持たせた。それは携帯用である。また各自のデスクにも置けるプレートも用意した。

〝Out of sight, out of mind〟（目に見えないことは心からも消えてしまう）という。私は「我が信条」の見える化に徹底的に取り組んだ。

具体的な行動を見せることができれば、最高の教科書となるのだが、それは社員の具体的な行動を取り上げ、評価することで補った。

5　理念ミーティングの実施

社員を7～8人ほど集めて、経営理念活用ミーティングも行なった。経営理念をもっと有効に、もっと頻繁に使うにはどうすればよいか、立場の異なる社員を集め、自由に議論させていた。

経営理念の活用法を議論させることで、参加者はより身近なものと感じたようだ。使いかたを考えることであっても、彼らにとっては自らわが社の理念を考える機会であり、それは誇りと自信を覚える作業でもある。

6　理念活用調査

ときおり経営理念の活用調査を行なった。

全社員に経営理念に関するアンケートを定期的に実施するのである。どの程度の理解をしているのか、社員はどの程度納得しているか、普段の実務で日常的に使っているか等を聞いていった。

アンケート用紙に目を通すだけでなく、ときには直接社員の声に耳を傾けた。

7　トップのコミットメント

経営理念を有効活用するために最も効果的なのは、なんといってもトップ自身が経営理念を先頭に立って実行することである。

J&Jではトップが経営理念を社内に周知徹底し、四六時中「我が信条」について考え、またその考えを伝えることで、社内には経営理念の風が吹きまくることになったのである。

経営理念は経営や業務の現場で使われて磨かれる。

トップが強い意志を示して経営理念を仕事に生かすことで、現場の社員にも経営理念活用の意識が生まれるのである。

経営理念の活用もまた、「まず隗より始めよ」なのだ。

理念は不磨の法典ではない

未来永劫変わらないというものはない。ビジネスの社会ではとくにそうだ。技術が変われば社会も変わる。社会が変われば、人々の価値観も変わらざるを得ない。人々の価値観が変われば、商品・サービスも形を変えることになる。ＡＩやＩｏＴは世界を変えてしまうかもしれない。

経営理念といえども、変化の掟から逃れられるものではない。世界が変わり、社会が変わって、ビジネスも変われば、自ずと経営理念も変わっていくことになる。

ただし、である。変わってよいのは経営理念の枝葉の部分だ。

経営理念は不磨の法典ではないから、必要と思ったら変えてよい。変えることを考える前に、変えてはいけないことを考えることが先決だ。

理念の見直しで大事なことは、もう１つある。経営理念で変えてよいのは枝葉の部分であって、根幹はそうおいそれとは変えてはならない。

●根幹は不易

J&Jのクレドで具体的に見ていこう。

J&Jの「我が信条」は、4年から5年に一度、世界中から幹部が集まり、見直しの会議を行なっている。そこで、世界中のJ&Jが「我が信条」を正しく、効果的に使っているか、また、「我が信条」は今日の世界の実情に適切に対応しているか等を議論している。その結果、ときに変更、修正を加えることがある。経営理念は不磨の法典ではないという証である。

しかし、この会議で変更、修正を加えているのは枝葉の部分についてである。では、何が根幹で、どこが枝葉の部分なのか。

「我が信条」は4つの責任で構成されている。顧客、社員、社会、株主への責任という構成と順番は、「我が信条」が創られて以来、100年以上変わっていない。この4つの構成は、技術がどれほど進歩しようと、社会が変わり、人々の価値観が変化しようと変わることはない。

俳聖松尾芭蕉の「不易流行」という言葉がある。松尾芭蕉は、世の中が変わっても変わらない「不易」と、世の動きの最先端を行く「流行」、相反するように見えるこの2つがバランスよく備わっていることが大切と唱えた。

「不易を知らざれば基（もと）立ちがたく、流行を知らざれば風新たならず」（松尾芭蕉）

不易とは、時代が変わろうとも変わらない不変の真実、変えてはならない人の道などをいう。「我が信条」にあっては、顧客、社員、社会、株主という4つの責任が不易の部分に当たる。

「我が信条」の根幹である4つの責任は、時代や社会が変わろうとも、そう容易《たやす》く変えてはならない「不易」なのだ。

●見直しのルール

先述したとおり、「我が信条」は何度か改訂が行なわれている。

「社員への責任」に、社員の家族への責任を付け加えた。世界企業として、地球上の国々でビジネスを展開するようになったとき、世界各国の文化風習に配慮して「神のご加護」という一節を削除した。

こうした変更、削除は「我が信条」の本質を揺るがすものではない。

本質は未来永劫である。

だが、時の流れにしたがって人の考えかたや世の中のパラダイムが変わったときには、変えるべきものを変える必要がある。

それが改訂である。

経営理念というものは、そう頻繁に変更するべきものではないので、私は5年に1度という頻度が適当だと思っている。

理念の点検は5年に1度、戦略の点検は最低年に1度、戦術の点検は毎月のように、というのが正しい経営の基本である。

第7章
経営理念を目標・戦略・戦術に落とし込む

——人生今日が初日！

理念の浸透と活用が持続可能性の一里塚

ここまでさまざまな角度から、経営理念の本質とその重要性について述べてきた。

本章では、〈方向性＝（理念＋目標＋戦略）〉＋戦術という流れをつくることで、どういう効果が発揮されるのかという点を改めて見直してみよう。

経営理念は、創業のときに創業者の志として制定される場合と、企業がある程度大きくなった段階で制定する場合とに大別される。

さらには企業が合併したり、事業が多角化する過程で、組織全体の理念を一元化、一体化して共有するための主軸を求めて制定することもある。

経営理念を創るタイミングは、いつがいいという決まりはない。ただ、1ついえることは、創るとすれば早いほうがよい。もし理念不在ならば、いまがよいということになる。

J＆Jの「我が信条」（Our Credo）も、京セラの経営理念も、創業から数年を経たときに創られている。

経営理念で肝心要なこととは何か。

それは、できあがった理念が、会社を動かす原動力であるという本質を、内部ステークホルダーに十分理解・納得されたうえで、活用されていることである。

「理念＋目標＋戦略＋戦術」とは、個々別々に存在する単体の寄せ集めではない。単体では意味をなさない。単体ではなく全体なのである。

キリスト教の教義は三位一体だが、経営の教義は四位一体。理念、目標、戦略、戦術は1つなのだ。それぞれバラバラなのではない。

企業が成長するためには、1つの企業というボディが理念、目標、戦略、戦術という四相をもっていなければならない。

それぞれは異なる相貌をしていても、1つの企業を構成する、必要にして不可欠な要素なのである。

理念のない目標はノルマと化す。目標のない戦略はゴールの決まっていないマラソンである。戦略のない戦術は場当たり主義を生む。どれ1つが欠けていても、正しい経営は成り立たないのである。

理念と目標の関係性

会社と現場が納得できる目標（納得目標）を共有するには、会社の目標に現場の目標を近づける、これが目標の基本である。そのためには理念を含む方向性が大事と述べた。

この点についてもう少し掘り下げておこう。

目標のベースには、会社の成長とともに年々上昇する経費をまかなうということがある。しかし経費と利益のバランスを取るだけなら、目標を高めなくてもコストダウンでやれないことはない。

給与以外の経費を減らしていけば、売上を伸ばさなくても経費と利益のバランスを取ることは可能だ。

目標が単なる勘定合わせであるなら、それでもよいかもしれない。だが、目標とは単に経費をまかなうためだけにあるものではないはずだ。

●そもそも何のための理念・目標か

目標は理念の実現、企業のあらまほしき姿を実現するための根本的な必須（ＭＵＳＴ）条件である。

ホンダの創業者・本田宗一郎氏の理想は、「世界一の自動車会社をつくる」というものだった。世界一の自動車会社をつくるには、世界一の自動車をつくらなければならない。そのためには、世界一の加工技術をもつことが条件だ。

そこで、本田宗一郎氏は、当時のホンダの資本金の５倍以上の値段のドイツ製の工作機械を購入した。無論、資金は借り入れである。

ホンダの目標は、世界一の自動車をつくる会社という理想の実現である。理想の実現のためにはプロセスがある。高額の工作機械で製造した品質のよい自動車、バイクをつくることも目標を達成するためのプロセスだし、その自動車、バイクを売ることもそうだ。

高額の工作機械を買うために借り入れたお金を毎年毎年返済することも、理念、理想を実現するためのプロセスである。

年度ごとの目標数値の中には借金の返済額も含まれる。といって、それが目標のすべてではない。むしろ、プロセスの1つである。

そう考えれば、借金返済のための金額が目標の中に含まれていても、大いなる理念や理想のためと納得できるのではないだろうか。

目標はわが社の理念を実現するための手段である。目標達成そのものが目的化する、目標の自己目的化に陥ってはならない。

「何のため」という理念の裏付けが必須だ。

●チーム力は理念の力

そもそも強制目標（ノルマ）を抱えた個人の集団をチームとはいわない。単なる利益追求集団である。

自分（または自分の部署）の目標だけを追いかけていて、お互いに足を引っ張り合う利益追求集団に、チームワークを求めても無理な相談だ。

これは個人の利害損得が優先され、一致した全体目標がもてないためだ。全体として目標をもてない集団はチームではない。単なる「人の群れ」である。

チームワークがなくバラバラなのだから、「隣は何をする人ぞ」という意識の壁が生まれる。チームとしての目標意識もないし、達成感を味わうこともない。

全体を忘れた個の目標追求は往々にして「一人芝居」に終わってしまう。目標に「何のために」という理念（ミッション・ビジョン・バリュー）の裏付けがあると、人の心には火が点く。それを全体で共有すると、そこには「燃えるチーム」が生まれる。

個人の目標がチームの目標と合致すれば、そこにはチームワークが生じる。理念（大義）の裏付けのある目標は、チーム力の強化に直結するのである。

チームメンバーの一人ひとりが「やらされ感」ではなく、「やりたい感」で仕事をすることになる。「イヤイヤ感」が消え「ワクワク感」が生まれる。

「イヤイヤ感」と「ワクワク感」の間には「ソコソコ感」がある。イヤでもないがワクワクもしないというのが「ソコソコ感」である。私は年に１００回以上、経営幹部（部長・課長）を対象とした研修を行なうが、参加者に「自分の仕事の日々の充実度」について挙手式のアンケートを取ると、「ソコソコ感」が80％、「イヤイヤ感」が10％、「ワクワク感」で手を挙げる人は、多くても10％という比率である。

日本企業（特に大企業）で働く幹部社員の10人に一人しか「ワクワク感」で仕事をしていないというのが、残念な現実である。

目標の3つのパターン

企業や部門にとって、さらには個人にとって、どうしても必要な目標がある。これだけはクリアーしないとわが社（わが部）の存続は難しいというレベルの数字だ。

たとえば社員の昇給の原資、新規に設立した支店・営業所の経費など、今期新たに発生するコストは、できる限り今期の目標数値の中でまかなわなければならない。

内部留保の取り崩しも、銀行融資にも自ずと限度がある。借り入れを起こすにしても、そればかりに頼っては経営が不健全になる。

会社が成長すれば、経費もコストも必然的に増えるということは、新入社員でも知っている。昨年より増える経費を補っていくため、目標数値は、予期せぬ緊急事態や今般の新型コロナウイルスによるパンデミックといった事態を除けば、常に右肩上がりとなる。

常に高い目標を求められることも、社員が疲労感、疲弊感、閉塞感を覚える一因かもしれない。遮二無二頑張って目標を達成しても、年度が変わればまたもう一段高い目標を求められる。どこまで続くぬかるみぞと、先が見えないことで、疲労感、疲弊感、閉塞感の

「3感」が生じる。「三寒四温」はよいが「三感疲労」はいただけない。

会社の都合と社員の都合は、往々にして食い違うものである。社員の疲労感、疲弊感、閉塞感に気づかないまま会社が一方的に目標設定をしても、よほど市場の環境に恵まれない限り、継続的な好結果は期待できない。

●漏れはないが意欲に欠け、使命感はあるが挑戦がない

目標の設定は次の3つのパターンのいずれかに収まる。

1　上意下達（トップダウン）型
2　下意上達（ボトムアップ）型
3　すり合わせ型

1の上意下達型とは経営者がどれだけの売上や利益が必要かを策定し、案分した目標数値を部門に降ろす。トップの要求する数字が明確なので、現場には伝わりやすい。いわゆるトップダウンである。

しかし、個々の部門の事情を顧みない「押し付け目標」であるため、押し付け感、やらされ感が強く、単なるノルマと捉えられる恐れがある。必然的に目標達成に対する意欲は薄弱となる。

2の下意上達型は、各部門で今期どれだけできるかを検討し、部門ごとに設定した目標をトップ（多くの場合経営企画部）が集計し、会社全体の目標とする。現場が自分たちで設定したボトムアップ目標だから、一定の「やれる感」「やりたい感」や、その結果としてのコミットメントが現場に生まれる。

しかし会社全体で見ると、しょせんは単なる積み上げであり足し算である。足し算だけなら経営者は不要。計算機か算盤があれば済む。大局観や全体観に欠け、ストレッチ不足の無難な線に落ち着く傾向が生じがちとなる。

●すり合わせでミスリードしないこと

3のすり合わせ型では、会社が求める目標と現場が上げてきた目標とを比べ、差が大きい場合は、差の大きい原因は何かを分析し、その差を埋めるための話し合いの場をもつ。会社側の一方的な押し付けではなく、会社と現場間の対話である。

説明は必要だが、押し付けは不可である。会社の要求を一方的に押し付けては、１の変形にしかすぎない。

話し合いにおける基本姿勢は、「立場の強いほうが積極的に傾聴する役に回る」ことだ。それがないと、せっかく話し合いの場を設けて双方の目標の差を埋めたとしても、できあがった目標は大抵の場合、次のいずれかとなる。

①　あきらめ目標

部門が「これならやればできる」と認めている目標を大幅に上回る目標では「どうせできるはずがない」と、スタートする前から現場にあきらめムードが漂う。現場は上から言われたから目標にしただけで、心からの達成意欲はまったくない。

立てた瞬間から形骸化してしまう最悪の目標だ。

②　願望目標

一応、目標は決まったものの、現場はできるかどうか半信半疑のまま。どこか他人ごとで勢いがない。会社としてこうあってほしいという願望であり、現場としてはできればこうなってほしいという願望に終わる。そこには「できたらいいな」という願望はあるが、「絶対にやるぞ！」というコミットメントは不在である。

③　強制目標

文字どおりノルマである。押し付け目標・ノルマであるから一定の強制力はあるが、なぜそれをやるのか現場が納得していないため、動きに自信も活力もない。叱咤すれば、その場では動くが長続きせず、中長期的には息が切れてジリ貧となる。

●方向性と理念こそが「納得目標」のカギ

すり合わせの話し合いで目指すのは「納得目標」である。

納得目標と、ここに挙げた①～③までの目標とでは、意欲と達成度で3倍近くの違いが出る。目標設定は労使交渉ではないので、現場の事情に配慮しつつも、数字を会社の求める目標に近づけなければならない。そのとき押し付けにならず現場に納得してもらうカギが、理念を含んだ方向性である。

人が目標達成に疲労感、疲弊感、閉塞感の「3感」を覚えるのは、そもそも何のためにやるのか、どこまでやり続けなければならないかという方向性が見えないためである。

何のためにという答えは理念にある。何をどこまでやり続ければよいのかという問いに対する答えは目標と戦略だ。

納得目標のカギは理念が握っているのである。

正しい目標創りの原則　SMART

私はグリーティングカードで50％を超える世界一のシェアをもつ、ホールマークという企業の日本法人（日本ホールマークという）の社長職を4年間務めた。当時の日本ホールマークは赤字続きであった。私は社長就任後、全社員を集めて次のような話をした。

我々がこれからやるべきことは3つある。

1　WOW！　顧客がワオ（WOW）！　という喜びや驚きを感じることのできる商品（グリーティングカード）をつくること

2　マイナス10％　経費やコストを昨年対比で10％減らすこと

3　プラス20％　わが社の商品を扱う店舗数を現在の数から一年間で20％増やすこと

私はこの3つの目標を挙げると、全員にこう告げた。

「これから諸君はこの3つだけをやってもらいたい。これ以外のことはやらなくてよい。むしろこれ以外のことは、やらないでほしい」

こうして全社員が動き出した結果、日本ホールマークは恒常的な赤字企業から脱却して黒字化を果たすことができた。

「すべてを追えばすべてを失う」ということわざがある。

目標は数が多くなればなるほど、達成率が下がる。私が目標を3つだけに絞ったのは、そのためである。「集中は力なり」という。目標と屏風は広げすぎると倒れる。

●SMART度を測れ

目標は立てた瞬間で、達成度はほぼ80%が決まってしまう。

正しい目標の立てかたをすれば、達成度は上がる。正しい目標の立てかたで立てた目標が正しい目標だ。正しい目標とは、以下のように、SMARTで示される要素をもつ。
S　STRECH（ストレッチ）
M　MANAGEABLE（マネジメント可能）
A　AGREED（納得）
R　RESOURCE（経営資源の裏付け）
T　TIME（時限設定・工程表）
ストレッチ（S）とは、正しい目標設定の基本条件である。ストレッチ、すなわちすこし背伸びをすれば届く程度の目標の数値が、目標の適正な数値だ。

英語では〝Challenging But Attainable〟（やってやれないことはない）という。オーバーストレッチでは人はつぶれてしまう。身の丈を超えすぎることを身の程知らずという。

マネジメント可能（M）とは、ホールマークの例のように、目標の数を3つか4つ、管理できる数に絞るということ。目標が10や20もあるという会社や部門を私は信用しない。

納得（A）とは上司と部下で納得した目標であること。納得なき目標はノルマ化する。

経営資源の裏付け（R）とは、目標を達成するために必要な資源の裏付けがあるということだ。ヒト、モノ、カネ、情報、時間など資源のサポートなしに業績（売上・利益）を前年の20％アップと叫ぶだけの経営者には、無責任男（女）の烙印を押すしかない。

時限設定・工程表（T）とは、目標達成までの道筋を決め、タイムスケジュールをつけることである。「いつまでに」が目標である。「そのうちに」は単なる願望にすぎない。「そのうち、そのうちで日が暮れる」（相田みつを）という言葉もある。

●できない原因をつぶせ

目標を達成するには、達成できない原因に注目することも大切だ。目標が達成できない原因とは整理すれば、次の4つにまとまる。

1　そもそも目標が高すぎた
2　やる気が出なかった
3　プロセスが間違っていた
4　インセンティブがなかった

これら4つの隘路の原因をつぶすには、目標がSMARTであることが解決手段だ。1は、目標がオーバーストレッチであったということだ。マネジメント可能でなかったともいえる。2は納得目標でなかったことの証左である。納得するまで、とことん話し合って目標を設定するというプロセスが必要だ。

3はSMARTでいえばマネジメントの誤りである。1つひとつの目標自体は正しかったが、数が多すぎたため消化不良を起こすということもある。

4は「私にとってどんな得があるのか」(What is it for me?)というインセンティブがないと、人は喜んで働こうとしないということだ。

戦略とは理念実現のために何をなすべきかである

戦略（Strategy）とは何か。改めて経営戦略の定義について確認しておこう。

戦略の定義については、これまでにも多くの人が言及している。その一部をいくつか紹介しよう。

「戦略とは集中である」（サー・ウィンストン・チャーチル）

「組織は戦略に従う」（アルフレッド・D・チャンドラーJr.）

「戦略とは企業の運命である」（ロバート・A・バーゲルマン）

「意図では山は動かない。山を動かすのはブルドーザーである。戦略がブルドーザーである。戦略が山を動かす」（ピーター・F・ドラッカー）

ドラッカーの言う意図とは、いわば理念と目標である。理念と目標はきわめて重要だが、理念と目標を掲げただけでは結果は出ない。戦略とそれに基づいた戦術（行動）がないからだ。

行動なくして結果なし。何をするかがわからなければ、動きようがない。目標達成のために「何をするか」が戦略である。
「主要経営課題」と言い換えることもできる。戦略を遂行するに当たって「どうやるか」が戦術である。

●「生きた経営戦略」とは

私は経営戦略を次のように定義している。
「経営戦略とは、経営理念に基づいた中長期の目標を達成するために、差別化とコア・コンピタンス（中核となる能力）を伴った経営資源（人・モノ・カネ・技術・情報・時間等）の最適活用を図ることにより、企業の継続的かつ長期的な利益を伴った成長を実現するための仕組みである」

ポイントをいくつか述べると、戦略とは経営目標を達成するための大枠としての課題（儲かる仕組み・ビジネスモデル・ロードマップ）である。

そして、そのためには有限の経営資源の最適配分が不可欠である。

戦略、すなわち目標を達成するため何をするかはわかっていても、ない袖は振れない。企業が行動を起こす際、最重要なのが限られた経営資源の配分である。戦略を十分に機能させるには、有限の経営資源の最適配分が不可欠である。

戦略は紙に書かれただけでは無意味だ。

理念と同様、「生きた」ものでなければならない。生きた戦略は生きた戦術となり、生きた行動計画となる。生きた経営戦略だけが結果に結びつくのである。

生きた戦略の根源にあるのが生きた理念だ。自社の戦略が「生きた戦略」かどうかは、次ページの「生きた戦略の13条件　評価表」を使ってチェックしていただきたい。

●「生きた戦略」かをチェックする

評価表の「Ⅰ．内容」とは経営戦略の内容、建て付けのチェックである。戦略のプランニングで見落としや勘違いがあってはならない。戦略は原理原則に基づいており、経営理念を反映したものでなければ十分に機能しないからだ。

評価表の「Ⅱ．策定のプロセスと活用」とは、要するに「使い勝手」のよさをチェックしている。

戦略策定に幹部社員を参画させること、社員（内部ステークホルダー）の理解と納得が必要であることは経営理念を定めるときのプロセスと同じである。なぜそれをしなければ

【図表7-1】生きた戦略の13条件 評価表

氏名：

生きた戦略の13条件　評価表

Ⅰ．内　容

評価（10点満点）

1	経営理念（ミッション・ビジョン・価値観）との整合性がある	
2	正しい土俵（トレンド・市場規模・儲かる）の上で勝負している ニッチ市場の場合はドミナンス（優位的立場）が期待できる	
3	競合的優位性を伴った差別化がある	
4	優先分野（商品・顧客・地域等）が明確であり、経営資源の集中が利いている 多角化・M&Aの場合は本業の強みを生かした相乗効果が期待できる	
5	経営資源（ヒト・モノ・カネ・組織能力・情報・時間等）の裏付けがある	
6	顧客の立場に立っている	
7	オーガニック・グロース（自力成長）に加え、MAA（合併・買収・アライアンス）等のノンオーガニック・グロース（非自力成長）が検討され必要に応じて取り込まれている	

Ⅱ．策定のプロセスと活用

評価（5点満点）

1	策定の過程にキーメンバーの参加と本音の議論がある	
2	ステークホルダー、特にインサイド・ステークホルダーに十分にコミュニケートされ理解と納得が得られている	
3	具体的な戦術に落とし込まれている	
4	戦術が現場で徹底的、継続的に実行に移されている	
5	事後評価とフィードバックを含むPDCサイクルが正しく回っている（C＝評価→学習→反省→改善）	

Ⅲ．変更

1	年に1回見直し、環境変化に対して迅速に変更を加えている	

合計

80点以上Good　60点以下Poor

ならないのかといえば、それが、経営戦略が現場で「生きる」ための条件だからである。経営理念は使ってナンボ、経営戦略は現場に落とし込まれてナンボである。現場浸透力をチェックするのが「Ⅱ．策定とプロセスと活用」だ。

「Ⅲ．変更」は、Ⅱの延長ともいえる。

経営戦略を十分に機能させるには、状況の変化に応じて変えることが求められるからだ。理念は４年から５年に一度くらいのインターバルでの見直しが必要だ。

経営戦略は１年に一度くらい、戦術については毎月見直すくらいの頻度が求められる。それだけ経営環境がビシビシガタガタと音を立てて急速に変わる時代だからである。社会が変われば人々の生活や習慣が変わる。生活や習慣が変われば、ビジネスも変わらざるを得ない。ビジネスが変われば自ずと戦略も変化する。

一度決めたら変更なしという戦略はあり得ないのだ。極端にいえば、戦略は決めたその日から見直しをするべきだ。

●理念に外れた戦略はオフリミット

戦術の失敗は戦略で補えるが、戦略の欠如は戦術では補えないといわれる。同様に理念のない戦略も、また失敗に終わる。

理念・目標・戦略・戦術は一体であるが、理念に外れた戦略は不可である。戦略不在の戦術も、長い目で見ると失敗する。この4つは一体であって基軸となるのが理念だ。

理念も目標もない場当たり的な戦略は、一時的にはうまくいってもいまひとつ弱い。腰砕けで終わってしまう。

長期視点がないと、常に最も近い目先の目標だけに注目し、そこに照準を合わせ、経営資源を投入する。その場限りの場当たり感が生じる。

結果として組織は「いまだけ、金だけ、自分だけ」の「3だけ」という病原菌に蝕まれることとなる。放置しておくと病原菌が増殖し、早晩ばったり倒れてしまう。

「いまだけ、金だけ、自分だけ」という病原菌に経営者が冒されると、人に対しての考えかたまでおかしくなってくる。

人に対する考えかたには2つある。人を仕事の道具として見るか、最重要の経営資源として見るかだ。

道具として見れば、使った後は「御用済み」と使い捨てにするかもしれない。それで社員のやる気が高まる道理はない。優れた経営者は人（社員）を最重要の経営資源と心得ている。ダメな経営者ほど人を道具扱いするという顕著な特徴がある。

こまめな点検が結果を出す戦術の基本

戦術（Tactics）とは戦略が現場に落とし込まれた形である。戦略と戦術は違う。戦略を現場に落とし込むと戦術が生まれる。戦術とは戦略の現場展開であるから、戦略に従っていることが基本中の基本である。もう1つ心すべきことは、戦術は立案から実行までをできるだけ現場にまかせ切るということである。

そもそも戦術を実行に移し、結果を出すのは現場だ。したがって現場に目一杯まかせることが、戦術を運用する際の最も重要な肝である。戦術については現場にまかせ切るとは、どうやるかというやりかたは、なるべく現場の自由裁量に委ねるということである。

権限放棄（Abdication）ではなく、権限委譲（Delegation）である。目一杯まかせ切ることで、現場にはオーナーシップ（当事者意識）とコミットメント（真のやる気）が生まれる。

最終的な結果責任（Accountability）は経営者の双肩で負う以外ない。だが、実行責任（Responsibility）は現場にある。

だから戦術は、できる限り現場にまかせるのだ。

仕事はできるが人間ができていない経営者ほど、現場の細かいことにまでくちばしを入れるという傾向が強い。

●戦略は「何をやる」、戦術は「どうやる」

戦略とは言いかたを変えればＷＨＡＴである。戦術とはＨＯＷだ。

ＷＨＡＴが「何をやる」であり、ＨＯＷは「どうやる」である。工場で、1日1０００個製造していたある製品を、どうすれば同じ設備で1日に1２００個つくれるようになるかというのは20％の効率向上である。

しかし1日1２００個つくった製品が、1日1０００個しか売れなければ２００個は在庫として残る。1０００個しか売れない物を1２００個つくるのは、効率は上がっても効果は上がらない。

在庫はそのうち「罪庫」となり、経営の足を引っ張る。

【図表7-2】戦略（Strategy）と戦術（Tactics）の違い

戦略（Strategy）	戦術（Tactics）
１．何をやる（WHAT）	１．どうやる（HOW）
２．正しいことをやる（やること）	２．正しくやる（やりかた）
３．DOING THE RIGHT THINGS	３．DOING THINGS RIGHT
４．効果（EFFECTIVENESS）の追求	４．効率（EFFICIENCY）の追求
５．選択と集中　→　優先順位	５．優先項目の現場展開
６．一貫性	６．臨機応変
７．中長期的	７．短期的
８．経営理念に沿っている	８．戦略に沿っている
９．経営者・リーダーの責務	９．担当者の責務

この場合、戦略とは「お客様満足を高め、喜んでもらうために何をつくるか」である。効果の追求が戦略である。

効率に対するに「どうつくるか」が戦術となる。効率の追求が戦術である。

「生産性＝効果×効率」という方程式がある。効率の前には効果が必要となる。したがって戦略（効果）が戦術（効率）に優先するのである。

●正しいことをやる、正しくやる

戦略の基本は選択と集中、取捨選択である。これは企業を経営するに当たって、優先順位をつけるということだ。もうすこし踏み込んだ言いかたをすれば、優先するものを選択するというよりも、優先順位の低いもの、劣後を捨てていくということだ。

戦略で最も大事なことは、「正しいことをやる」に尽きる。

一方、戦術は戦略を実現するためのやりかたであるから、大事なことは「正しくやる」ことだ。

「正しいこと」をやっているのであれば、やりかたについては「正しくやる」ために試行錯誤を繰り返してよい。正しくやる方法を見つけるまでいくらでも調整できる。

だから、戦術は毎月チェックするべきなのだ。

戦術は変化に対応するスピードが命だ。現場にまかせ切るのは、現場が最も変化に敏感で変わり身が早いはずだからである。

したがって戦術は短期的でよい。

戦術は戦略に従う。戦略は目標に従う。目標は理念に従う。この流れを忘れてはならない。

おわりに

ＡＩやＩｏＴの進歩が、今後の我々の社会に大きな変化をもたらすことは、もはや疑いのないことである。

来るべき世界で本当にシンギュラリティ（ＡＩが人間の知能を超えるとき）が起こるか否か、起こるとすればいつかは不明であるものの、人間の労働の相当な部分をＡＩが代わって行なうという時代が来ることに異議を挟む人はいない。

ＡＩの進歩と社会の進歩は同一歩調となるだろう。

だが、社会や企業の中でＡＩがどれだけの割合を占めようと、これだという判断や決断は人間がやるしかないのは、いまも未来も変わりないはずだ。

ＡＩはあくまで人工知能（Artificial Intelligence）であり、ＨＩ（Human Intelligence＝人間的知能）とはなり得ない。

このＡＩ（人工知能）とＨＩ（人間的知能）とでは決定的な違いがあるという。

ＨＩにはＷＨＹがある。しかしＡＩにＷＨＹはない。

ＷＨＹのないＡＩには理念は無縁だが、人間は理念に基づいて判断し決断をする。ＡＩには論理と数字はあるが感情はない。人は悲しいと涙を流すがＡＩは流さない。情と理を合わせもっている。理念に基づいて思考し、決断することの重要性については、本章で縷々述べたとおりである。

理念なき会社では、人間が社長をやっている意味がない。

ＡＩ時代になればなるほど、理念に立ち返るという原点回帰が求められるのだ。

理念に立ち返ることがいかに大事か、そして、理念こそが収益の源泉でもあることは、本書を読まれた読者の方なら、もう十分に理解されていることと思う。あとは実行に移して自分たちのオリジナルの理念を創り、創った理念を日々、使いこなしていくことだ。

経営者でない方々、リーダー層の方ならば、ぜひ社内を巻き込んで、全社的なテーマとして訴えかけていただきたい。

繰り返すが、私の知る志ある経営者、優秀な経営者、リーダーのすべての人たちがいま、自社の原点や自分の仕事の原点に立ち返って経営理念を見直し、あるいは経営理念に照らして自らの経営を見つめ直し、経営理念を日々使いこなしている。経営者として、リーダーとしての職責を果たすべく、社内を一枚岩にまとめて、この困難な時代を生き抜こうと奮闘している。

新型コロナウイルスのパンデミックによる経済的な影響は大きい。

しかし人類がウイルスに襲われる度に、生物としての抵抗力を上げたように、企業も新型コロナの経済的打撃から立ち直ることで、さらに強い会社となることができる。

いま、我々に必要なのは「これからどうなるか」ではなく、「これからどうするか」だ。

「未来を予測する最善の方法は自分の手で未来を創ることである」（ピーター・F・ドラッカー）

そこで最も重要となるのは、理念という経営の原点に帰ることだ。

迷ったときこそ経営理念に立ち返るべきである。混迷や混乱の時代だからこそ、経営判断や決断のよすがとなる理念をワーキングツールとして使うべきである。

今日ほど理念が重要な時代はない。

新　将命（あたらし　まさみ）
1936年東京生まれ。早稲田大学卒。株式会社国際ビジネスブレイン代表取締役社長。シェル石油、日本コカ・コーラ、ジョンソン・エンド・ジョンソン、フィリップスなど、グローバル・エクセレント・カンパニー6社で活躍し社長職を3社、副社長職を1社経験。2003年から2011年3月まで住友商事株式会社のアドバイザリー・ボード・メンバーを務める。「経営のプロフェッショナル」として50年以上にわたり、日本、ヨーロッパ、アメリカの企業の第一線に携わり、いまもさまざまな会社のアドバイザーや経営者のメンターを務めながら、長年の経験と実績をベースに、講演や企業研修、執筆活動を通じて国内外で「リーダー人財育成」の使命に取り組む。おもな著書に『経営の教科書』『リーダーの教科書』（以上、ダイヤモンド社）、近著に『上司と部下の教科書』（致知出版社）がある。

経営理念《けいえいりねん》の教科書《きょうかしょ》

勝《か》ち残《のこ》る会社創《かいしゃづく》りのための最強《さいきょう》のツール

2020年11月1日　初版発行

著　者　新　将命
発行者　杉本淳一

発行所　株式会社日本実業出版社　東京都新宿区市谷本村町3－29　〒162－0845
大阪市北区西天満6－8－1　〒530－0047
編集部　☎03－3268－5651
営業部　☎03－3268－5161　振　替　00170－1－25349
https://www.njg.co.jp/

印　刷／三省堂印刷　　製　本／若林製本

ISBN 978－4－534－05814－0　Printed in JAPAN